Hippolyte BOURDONNAY

Le Palais de Justice

DE RENNES

RENNES

IMPRIMERIE FRANCIS SIMON, SUCCr DE A. LE ROY

IMPRIMEUR BREVETÉ

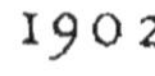

1902

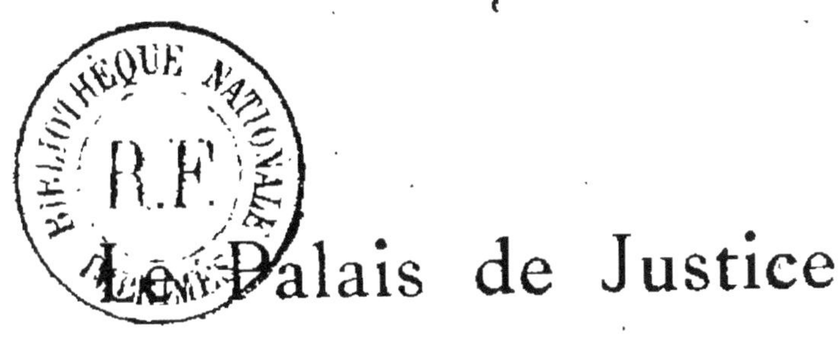

Le Palais de Justice

DE RENNES

Façade principale du Palais de Justice de Rennes.

LE

Palais de Justice

DE

RENNES

Histoire et description du Palais — Ses Salles
Ses Richesses Artistiques

PAR

HIPPOLYTE BOURDONNAY

CONSEILLER A LA COUR D'APPEL

RENNES
IMPRIMERIE FRANCIS SIMON, SUCC^r DE A. LE ROY
IMPRIMEUR BREVETÉ

1902

NOMENCLATURE DES GRAVURES

CHAPITRE PREMIER

Historique de la construction du Palais de Justice.

CRÉATION DU PARLEMENT DE BRETAGNE. — SON ANCIEN LOCAL. — IMPÔTS ÉTABLIS POUR LA CONSTRUCTION D'UN PALAIS DE JUSTICE A RENNES.

CÉDANT aux sollicitations pressantes du duc d'Étampes, gouverneur de Bretagne, interprète des vœux ardents de la province qu'il administrait, Henri II, par un édit donné à Fontainebleau au mois de mars 1553, supprima la juridiction des Grands-Jours, instituée en 1485 par le duc François II, et créa le Parlement de Bretagne, « réglé à l'instar et exemple » de celui de Paris (1).

(1) Édit, Archiv. du Parlement, liasse B, 57, 1.

Cette Cour souveraine, après avoir tenu, pendant huit années, sa séance trimestrielle de février, à Nantes, et celle d'août, à Rennes, s'installa définitivement dans cette dernière ville, en exécution des lettres patentes délivrées par Charles IX le 4 mars 1561[1].

Jusqu'en 1655, elle siégea tout près du Palais actuel, dans une partie du couvent des Cordeliers où le « Corps de ville » avait fait « construire et préparer des chambres[2]. »

Ce bâtiment confinait à la rue Saint-François, aujourd'hui rue Hoche, et avait été édifié sur le terrain qu'occupent actuellement la banque de M. Vatar, l'ancienne salle des ventes des commissaires-priseurs et la maison formant l'angle des rues Hoche et Victor-Hugo[3].

Mais ce local « étroit, mal distribué, aux bâtiments insuffisants et peu solides », donnait lieu à des plaintes incessantes de la part des membres du Parlement, corps à la fois judiciaire et politique, redoutable puissance dont l'influence grandissait chaque jour, et qui, par ses refus d'enregistrement d'édits ou ses remontrances, tenait fréquemment en

(1) Biblioth. de Rennes, manuscrit 170, f° 295.

(2) *Id.*, *ibid.* 320, f° 319.

(3) Archiv. de Rennes, manuscr. 293 et plan de la ville, levé par Forestier, après l'incendie de 1720.

échec l'autorité royale. Aussi, pour obtenir ses bonnes grâces, Henri III invita-t-il, par lettres du 4 septembre 1578, les habitants de Rennes à bâtir un Palais qui serait spécialement attribué au Parlement[1]. A cet effet, il leur concéda droits d'octroi sur diverses marchandises entrant dans la ville ou en sortant, et, pour « ayder au dict œuvre et pour amener les matières et attraits nécessaires pour édification d'iceluy », il imposa à « ses sujets qui ont maysons et mettairies aux champs, garnies de harnois et charrettes, sous huict ou neuf lieues aux environs de notre dicte ville de Rennes » trois jours de charroi par an.

Les guerres de la Ligue qui désolèrent la province jusqu'à la fin du XVIe siècle ; la peste qui sévit à Rennes et qui, en 1583, obligea la compagnie judiciaire à se transporter à Dinan ; la création, à Nantes, par le duc de Mercœur, d'un Parlement dissident ; la lutte des deux cours rivales, qui se traitaient réciproquement de rebelles et prononçaient l'une contre l'autre des arrêts de mort[2] ; enfin, l'insuffisance des fonds pour commencer l'entreprise, empêchèrent de donner suite à l'ordre royal.

La paix rétablie, après le grand édit de pacification signé, à Nantes, par Henri IV, en mars 1598, la

(1) Lettres du roi aux habitants de Rennes, Archiv. municip. 250.

(2) Carré, *Le Parlement de Bretagne après la Ligue* et Registres secrets du Parlement.

Cour de Rennes envoya une députation au Roi pour solliciter le renouvellement des commissions instituées par son prédécesseur en vue de la construction d'un palais de justice (1).

Le roi Henri fit des promesses, mais ne les tint que plusieurs années après. Enfin, supplié à nouveau par la Communauté de ville, qui lui représentait la nécessité d'entreprendre la construction (2), il accorda, le 3 juillet 1609, de nouvelles lettres patentes autorisant la Ville de Rennes à percevoir pendant huit années, « pour bastir un Palais royal et y établir le Parlement, » un octroi de « un sol par pot de vin de cru hors Bretagne, vendu ou distribué à Rennes et chastellenie, et trois deniers par chaque pot de vin breton et cidre ; pour les deux tiers des deniers du dit subside être pris par préférence pour le palais et l'autre tiers pour la ville. »

Choix de l'emplacement.

Après maints débats avec le Corps de ville sur le choix de l'emplacement, le Parlement, qui entendait ne pas quitter l'enceinte fortifiée, décida, par arrêt de 1614, que le Palais serait construit dans partie

(1) 29 mai 1600, Reg. sécr. 94, f° 38.
(2) Mémoire, Arch. de Rennes 250.

du jardin et du cimetière des Cordeliers et lieux attenants, emplacement où il existe actuellement.

Par suite de cette exigence, la Communauté de ville eut à payer en acquisitions de terrain un prix excessif pour l'époque, près de 90 000 livres, et le Parlement, deux rentes aux religieux de saint François, l'une de 218 livres et l'autre de 678 livres 15 sols(1).

Les Architectes et les Entrepreneurs.

Jacques Debrosse, architecte de Marie de Médicis, qui avait édifié le Palais du Luxembourg, donna le premier dessin et les premiers plans du monument(2). Pierre Corbineau(3) et non Cormeau, comme l'ont écrit MM. Marteville et Orain, fut chargé de la direction des travaux; et, en 1636, Guillaume Mathurin, Jean Duris et Pierre Hardy en devinrent les entrepreneurs(3).

Pose de la première pierre.

Le 15 septembre 1618, dans la matinée, le Procureur des bourgeois et habitants de Rennes se présenta au parquet des huissiers du Parlement et fit demander

(1) Marteville, *Diction. de Bretagne*, p. 555; Reg. secr. 353, f°s 46 et suiv.

(2) Reg. secr., arrêt du 16 août 1617.

(3) Reg. secr. de 1658, f° 74, et de 1636, n° 166, f°s 9 v°, 13 et 15.

au Premier Président l'autorisation d'entrer dans la grand'chambre pour remettre à la Cour, en séance, deux médailles de bronze doré, destinées à être déposées et scellées dans les premières pierres du Palais de Justice. Au lieu d'inviter le Procureur à pénétrer dans la salle d'audience, la Cour envoya son greffier prendre les médailles, décida que la cérémonie de « l'appozition des six premières pierres et médalles » aurait lieu le jour même, à l'issue de l'audience, et désigna la délégation du Parlement chargée d'y assister [1].

Vers onze heures du matin, le premier président Jan de Bourgneuf, accompagné de trois présidents à mortier et de neuf conseillers, en costume officiel, déposa dans une cavité, à cet effet préparée dans la pierre angulaire sud-est de l'édifice, les deux médailles à l'effigie de Louis XIII, frappées sur l'ordre de la Communauté de ville.

L'une de ces médailles représente le Roi dans son lit de justice, son effigie est entourée des mots : *Ludovicus XIII, Justus, Francorum et Navareorum rex, justiciæ thalamus immortalis*. Au revers : les armes de France et de Bretagne alliées, cerclées des mots : *Ludovico decimo tertio regnante, hæc fundamenta jacta fuerunt, decimo quinto septembris, anno millesimo sexen-*

(1) Reg. secr. 131, f° 21 v°.

tesimo decimo octavo(1). La seconde médaille diffère de la première en ce que, au revers, en dessous des armes de France et de Bretagne, figurent celles de la ville de Rennes(2).

M. le premier président Maulion possède un fac-simile de l'une de ces médailles.

Construction du Palais.

La construction des gros œuvres dura plus de trente-six ans.

Les deux tiers des droits d'octroi perçus pour l'érection de l'édifice donnaient, en moyenne, 23 000 livres chaque année. Tous les charrois des matériaux s'opéraient au moyen de corvées. Ces subsides furent suffisants, pendant un certain temps, pour mener à bien l'entreprise.

La Ville nomma des commissaires qu'elle chargea de surveiller les travaux. La Cour, de son côté, avait désigné les siens, qui, dans les cas importants, se réunissaient aux délégués des bourgeois pour prendre les décisions sérieuses(3). Mais, à partir de 1642, mécontente des lenteurs de l'entreprise et des modifications apportées par la Ville, dans un but d'éco-

(1) Marteville, *Diction. de Bretagne*, v° Rennes.
(2) Reg. secr. 131, f° 21 v°.
(3) Marteville et reg. secr. 166, f° 13.

nomie, au plan primitif, elle semble avoir passé seule les marchés[1] et agi en maîtresse souveraine. C'est ainsi que par arrêté du 15 avril 1643, ayant constaté la difformité de la couverture, elle décidait l'exhaussement des murailles du bâtiment central et des toitures des pavillons latéraux et commettait le président Loaisel et le conseiller Barrin pour traiter à cet effet avec un entrepreneur[2].

La même année, elle présentait requête au Roi afin d'obtenir de nouveaux subsides pour achever le Palais[3].

En 1646, son premier président, Claude de Marbœuf, passait « bail » de 55 900 livres avec Pierre Corbineau, architecte, et un entrepreneur pour les derniers travaux de maçonnerie[4].

L'année suivante, elle faisait défense à l'architecte d'employer les matériaux à un usage autre qu'à la construction du Palais et à toute autre personne d'en emporter[5]. De même, elle décidait certaines réfections et notamment l'exécution devant le bâtiment principal, entre les deux pavillons, de la plate-forme avec balustres de granit[6].

(1) Reg. secr. 178, f°s 22 et 27.
(2) *Id.*, 180, f° 20.
(3) *Id.*, 181, f° 55.
(4) *Id.*, 187, f° 49.
(5) *Id.*, 189, f° 5.
(6) *Id.*, 189, f° 39.

En 1648, elle ordonnait de prendre dans la forêt de Rennes les arbres et bois nécessaires pour la menuiserie et la charpente et envoyait le receveur des deniers et l'entrepreneur marquer les arbres qui devaient être abattus[1].

Le 12 août 1650, en réunion plénière, elle prenait le parti d'écrire au Roi et au Garde des sceaux pour les supplier d'affecter à la construction du Palais partie des deniers d'octrois perçus dans les villes de Bretagne[2].

Enfin, le 13 janvier 1653, elle adjugeait 6 000 livres à l'architecte pour travaux non compris dans son marché, somme qui lui serait payée après l'achèvement de la charpente et de la couverture[3].

Inauguration du Palais.

Bien que les lambris ne fussent encore revêtus d'aucun ornement, la Cour, qui avait hâte d'entrer en possession de son Palais, décida, par arrêt du 8 janvier 1655, que, le lundi suivant, elle inaugurerait le monument et y tiendrait sa première audience solennelle.

Le 11 janvier, en effet, le Parlement tout entier,

(1) Reg. secr., 190, f° 30.
(2) *Id.*, 195, f° 5.
(3) *Id.*, 199, f° 99.

en corps et en robes de pourpre, ayant à sa tête, l'un de ses présidents à mortier, en l'absence de son chef, Messire Claude de Marbœuf, reçut, à l'ancien local, le Corps de ville. Le Procureur syndic « fit ses compliments à la Cour et pria MM. du Parlement d'avoir pour agréable de quitter cette vieille maison d'emprunt et aller loger en leur palais neuf[1]. »

Puis la compagnie se rendit, à huit heures du matin, à l'église Saint-François, située sur l'emplacement actuel de la rue Victor-Hugo, et y entendit une messe chantée à laquelle assistèrent les Corps de la chancellerie, du siège présidial et de la ville, en costume officiel. A l'issue de cette messe, les Cordeliers qui desservaient l'église, dépendance de leur couvent, revêtus de chapes et précédés de leur croix, se dirigèrent processionnellement vers le nouveau Palais de justice, en chantant le *Veni Creator*, suivis des présidents à mortier, des conseillers, des gens du Roi, du greffier en chef et de ses commis, du barreau, des procureurs, des notaires et des invités à la cérémonie. Tous gravirent le monumental escalier, à double rampe, qui existait, alors, au devant du Palais et donnait accès, par la baie centrale du premier étage, à la salle des Procureurs,

(1) Reg. du greffe de la Maison commune de Rennes, 1655, f°s 7 et suiv.

aujourd'hui appelée salle des Pas-Perdus. Entrés dans cette vaste pièce, les religieux entonnèrent le *Te Deum laudamus* devant l'autel dressé, pour la circonstance, à l'entrée de la chapelle inachevée du Palais.

L'hymne terminée, la Cour pénétra dans la grand'-chambre et prit place sur les hauts sièges fleurdelisés de l'estrade. Le Sénéchal et les Conseillers du présidial s'installèrent sur leur banc, aux pieds du Parlement ; la Chancellerie, le Procureur des bourgeois et les Échevins de la Communauté de Rennes au parquet, sur des bancs préparés à leur intention[1].

Le président de Marbœuf déclara ouverte l'audience solennelle et harangua l'auditoire. Au cours de son allocution, il félicita le Corps de ville de la persévérance qu'il avait apportée à l'édification du Palais. Drouart, le procureur-syndic, répondit, et demanda au Parlement l'autorisation de faire placer, au-dessus de la grande porte ou au sommet du perron, l'écusson municipal, comme intersigne du concours apporté par la Ville de Rennes à la construction de l'édifice. Le Président, sans consulter la Cour, commit l'imprudence d'accéder, séance tenante, au désir manifesté par le chef de la municipalité.

A l'issue de l'audience, le Corps de ville, aux accla-

(1) Reg. secr. 203, f° 49.

mations du peuple et au bruit des décharges de l'artillerie, tirées de la Tour-le Bât, alla mettre le feu, en signe de réjouissance, au bûcher dressé devant le Palais.

Quelques mois après, la Ville fit sculpter la pierre destinée à perpétuer le souvenir de la part active qu'elle avait prise à l'œuvre commune ; mais, quand les ouvriers se présentèrent pour placer l'écusson, les magistrats du semestre s'y opposèrent, refusant de ratifier une promesse téméraire, donnée sans leur assentiment, et qui, du reste, « n'avait pas été consignée sur le registre secret du Parlement. » Le lendemain, la Cour notifia au Corps de ville qu'elle ne pouvait tolérer « que son Palais fût dégradé par une marque de propriété émanant de qui que ce fût[1]. »

MESURES PRISES EN VUE DE LA DÉCORATION INTÉRIEURE.

Si, lors de son inauguration, le monument était achevé extérieurement, aucune décoration, aucun ornement n'existait encore à l'intérieur. Les salles principales avaient été simplement parées des belles tapisseries flamandes que possédait le Parlement et qui ornaient la grand'chambre et la Tournelle de l'ancien local.

(1) MARTEVILLE, *Dictionnaire de Bretagne*, v° Rennes. — DUCREST DE VILLENEUVE, *Histoire de Rennes*.

Médaille déposée, en 1618,
dans la première pierre du Palais de Justice.

Mais, dans son orgueil altier, la Cour souveraine de Bretagne voulait mieux ; il lui fallait un palais d'une somptuosité inouïe, digne de sa toute-puissance. Elle rêvait de salles foisonnant d'élégantes sculptures, ruisselantes d'or, décorées de soffites superbes, enrichies de peintures, chefs-d'œuvre des plus grands maîtres de l'époque. Aussi, dès l'année suivante, elle décida d'appeler Charles Errard, « peintre et architecte ordinaire du Roy », pour entreprendre l'ornementation intérieure du nouvel édifice(1).

Errard, mandé par le premier président Henry de Bourgneuf, visita le Palais, dessina plusieurs croquis pour la décoration des lambris et du plafond de la grand'chambre, et les présenta le 27 juin 1656 à la Cour assemblée(2). Sur le rapport de ses commissaires, elle approuva, le 30 juin, le projet du magnifique plafond que nous admirons aujourd'hui(3). Le 8 juillet suivant, son receveur des deniers, Jean Gaesdon, se conformant aux ordres qu'il avait reçus, passait avec l'artiste un traité aux termes duquel Errard prenait charge, moyennant 40 000 livres, non seulement du plafond, mais aussi de la menuiserie d'art, de la décoration des portes, des lambris des fenêtres, des sculptures, peintures et dorures de la

(1) 10 mai 1656, reg. secr. 206, f° 34.
(2) Reg. secr. 206, f° 53 v°.
(3) *Id.*, 206, f° 55.

grand'chambre, ainsi que des tableaux à enchâsser dans les caissons[1].

Neuf ans après, en 1665, l'architecte-peintre livrait son œuvre personnelle et celle de ses collaborateurs, parmi lesquels la tradition cite Coypel. Mais nous n'avons trouvé aucune trace de ce nom illustre sur les registres du Parlement ou dans la liasse des documents contemporains, précieusement classés et conservés aux archives du palais par M. Parfouru.

Avec les travaux autorisés en cours d'exécution et non prévus au marché, l'achèvement complet de la salle revint à 41 200 livres, environ 100 000 francs, somme bien minime quand on la compare aux richesses artistiques et ornementales prodiguées en échange[2].

Ravie de l'œuvre magistrale d'Errard, la Cour confia au même peintre-décorateur l'ornementation de la chambre du conseil de la Tournelle, aujourd'hui cabinet du Premier Président.

Pour la première chambre, alors salle du Conseil des magistrats de la grand'chambre, le Parlement voulut un joyau; aussi s'adressa-t-il, en 1694, au peintre le plus renommé, à Jouvenet, qui, par lettre

(1) Reg. secr., f° 60 et reg. 224, f°s 84 et 85.
(2) *Id.*, 224, f°s 84 et 85.

du 8 décembre 1694[1] lui soumit ses projets, puis exécuta les belles peintures et le Christ admirable, si ardemment convoité, il y a quelques années, par le musée du Louvre.

En 1706, Ferdinand fut chargé des tableaux qui ornent les soffites de la seconde chambre.

Pendant un demi-siècle après l'inauguration, le Palais fut donc livré aux artistes les plus célèbres en tout genre ; pendant un demi-siècle, le Parlement s'ingénia à parer le monument dans lequel il rendait ses arrêts, légiférait, réglementait, défendait, avec une passion jalouse, les prérogatives et les immunités de la province, résistait aux ordres du Roi et formulait des remontrances, voulant qu'il « le disputât par sa majesté, sa grandeur et la somptuosité de ses décorations au Louvre des têtes couronnées[2] ».

MONTANT DES DÉPENSES.

La Ville de Rennes et le Parlement enfouirent, au XVIIe siècle, dans la construction et la décoration de leur Palais de Justice 2 350 000 livres, ce qui équivaut, à l'heure actuelle, à plus de 5 millions. En présence de ce chiffre énorme qu'on lui indiquait,

(1) Extrait de cette lettre au chap. VII.
(2) Lettre d'un contemporain (*Journal de Rennes*, du 9 avril 1869).

Louis XIV répliqua, dit-on : « Mais ce Palais est donc bâti en écus de six livres ! »

Or, combien de travaux furent exécutés depuis cette époque ! Au XIXe siècle, l'État et le Département y ont dépensé, en restaurations, plusieurs millions. A lui seul, M. Laloy, le bon génie du Palais et son habile architecte, y a employé, depuis seize ans, en réfections et embellissements, une somme supérieure à 600 000 francs. Et voici que, grâce à ses démarches actives et à ses soins éclairés, la manufacture nationale des Gobelins va rendre aux deux salles principales tout leur lustre et leur éclat d'autrefois, en les parant de splendides tapisseries d'une valeur considérable.

Boutiques du Palais.

Pour faire face aux dépenses provoquées par ce luxe d'ornements, il fallait de l'argent, et l'impôt créé par Henri IV et maintenu par ses successeurs, pendant près de cent années[1] ne produisait pas somme suffisante. Le Parlement chercha d'autres ressources.

En novembre 1655, il obtenait du Roi le don « des voûtes basses du Palais et de toutes les places

(1) Arch. départ., liasse B.

en dépendant, tant au dedans qu'au dehors[1] ».

Par arrêt du 26 avril 1656, il décidait la vente par adjudication des matériaux entrant dans la construction de son ancien Palais, au couvent des Cordeliers, bien que la Ville en eût fait tous les frais, et enjoignait, le 7 juillet suivant, aux adjudicataires de ces matériaux de payer à Charles Errard 4 000 livres à valoir à ses futurs travaux[2].

En 1657, ses commissaires procédaient « au bail judiciel » non seulement des boutiques construites sous les voûtes concédées par le Roi, mais aussi des galeries et autres emplacements libres existant à l'intérieur du Palais[3]. Et, bientôt, le somptueux édifice devint le centre du commerce rennais. Orfèvres, joailliers, arquebusiers, libraires, imprimeurs, et même menuisiers, charpentiers, cabaretiers s'y installèrent. Ce fut un envahissement de marchands et d'ateliers de toutes sortes, à ce point que la Cour dut prendre, à diverses reprises, des mesures énergiques pour dégager son Palais ou chasser les intrus qui s'y étaient introduits sans bail et sans droit.

C'est ainsi que, par arrêt du 9 juillet 1658, elle enjoignait, sous peine d'expulsion, aux personnes

(1) Reg. secr. 210, f°s 7, 8 et 9.
(2) *Id.*, 206, f°s 57 et 59.
(3) *Id.*, 207, f° 87.

qui occupaient, sans permission, les voûtes du Palais « de les vider de corps et de meubles dans les vingt-quatre heures » et faisait défense, sous peine de 300 livres d'amende, d'y habiter sans autorisation[1].

Le 16 août 1661, elle rendait un nouvel arrêt pour dégager ses voûtes, caves, salles et galeries basses, et décidait que les occupants qui ne déguerpiraient pas seraient considérés comme locataires pour l'année et paieraient pour chaque voûte, cave ou pièce, la somme de 300 livres, et qu'enfin, à l'avenir, les adjudicataires de ces locaux ne pourraient plus y vendre au détail du vin ou du cidre[2].

De même, à la fin de l'année 1665, nombre de locataires ne payant pas leur redevance annuelle, elle ordonna à son receveur d'opérer le recouvrement, même en usant de la contrainte par corps, et prescrivit l'expulsion en masse par huissiers, pour le premier janvier suivant, de tous ses tenanciers. Par le même arrêt, elle décidait l'édification de nouvelles boutiques et la mise en adjudication, au plus offrant et dernier enchérisseur, de toutes les galeries et voûtes, dispensant ses futurs locataires des visites ou recherches des maîtres ou prévôts des arts et métiers qu'ils professeraient, à l'exception des apothicaires,

(1) Reg. secr. 210, f°s 68 et 69.
(2) *Id.*, 217, f° 6.

chirurgiens et orfèvres qui seraient examinés par des praticiens désignés par des commissaires de la Cour[1].

Cette exemption attira plus que jamais artisans et marchands. Bientôt ils encombrèrent les voûtes et galeries et adossèrent devant et autour du Palais des échoppes de toutes formes et de toutes dimensions qui déshonoraient l'édifice, masquaient en partie la façade et en gênaient l'accès. La plate-forme elle-même du perron était envahie. La Cour comprit la faute qu'elle avait commise. Pour en pallier les effets, elle donna, en 1672, mission à l'un de ses présidents et à deux conseillers de faire démolir ces constructions « et de pourvoir au remboursement des particuliers qui les avaient édifiées[2] ».

Au siècle suivant, les boutiques du Palais furent, maintes fois, l'objet des préoccupations et des décisions du Parlement. Des abus se produisaient sans cesse, et, sans cesse, il fallut sévir.

Le 26 octobre 1712, la Cour, en exécution des arrêtés du Conseil du Roi sur le luxe, ordonna l'expulsion des orfèvres et des joailliers qui tenaient boutiques sous les voûtes[3].

Après l'incendie de Rennes, de nombreux commerçants n'avaient plus de locaux pour étaler leurs

(1) Reg. secr., 225, f°s 58 et 59.
(2) *Id.*, 238, f° 98.
(3) *Id.*, 319, f° 18.

marchandises. De son côté, le Parlement avait besoin d'argent pour l'entretien du Palais et subvenir « à ses menues nécessités ». Il autorisa donc la construction, dans la grande salle, de dix boutiques, en bois, conformes aux plans et devis de 4415 livres, que Gerbier, son architecte, lui avait soumis (1).

Mais, cinq ans après, cédant aux réclamations des Procureurs et du Barreau, gênés par cette promiscuité journalière, il en prescrivit le démontage, leur réinstallation au rez-de-chaussée, sous le péristyle, et le rétablissement, à leur place, des bancs des Procureurs, comme ils existaient autrefois (2).

On ne trouva pas d'adjudicataire pour opérer ce travail, et l'état de choses subsista jusqu'en 1731. Cette année-là, les Procureurs offrirent et obtinrent de démolir, à leurs frais, ces boutiques encombrantes, à l'exception de celle qui servait de vestibule à la seconde chambre des enquêtes, et de les remplacer par « des bancs simétrisés et adossés aux pilastres » de la salle (3).

Les boutiques édifiées sous les voûtes ainsi que dans les galeries et salles basses du rez-de-chaussée, et notamment l'imprimerie Vatar, ne disparurent complètement qu'en 1839, lors des travaux d'instal-

(1) Reg. secr., 338, f° 47.
(2) *Id.*, 345, f°s 85 et suiv.
(3) 11 mai 1731, Reg. sec., 350, f°s 46 et 47.

lation du tribunal civil de première instance qui, jusqu'alors, avait siégé à l'hôtel de ville, dans l'aile appelée le Présidial (1).

(1) Archiv. départ., liasse Palais, rapport Richelot, architecte.

CHAPITRE II

Événements historiques dont furent témoins les salles du Palais.

Des événements importants, qui se lient intimement à l'histoire de Rennes, à celle de la Bretagne ou à celle de la France, eurent pour théâtre le Palais de Justice ou la place qu'il domine de sa masse imposante.

Révolte dite du papier timbré. — Pillage du bureau installé au Palais.

Deux nouveaux impôts venaient d'être établis en Bretagne, l'un sur le papier timbré, l'autre sur le tabac, en violation des privilèges de la province.

Le 18 avril 1675, jeudi de la semaine de Pâques, le peuple de Rennes, surexcité par des meneurs, se souleva à cette occasion, et croyant faire disparaître l'impôt, en détruisant les locaux où s'opérait la perception, après avoir pillé le bureau des tabacs et celui du contrôle et des insinuations, situés place du Champ-Jacquet, il se précipita vers le Palais et saccagea le bureau du papier timbré installé au rez-de-chaussée de l'édifice (1). Il s'empara des timbres fleurdelisés et du papier mis en vente, qu'il lacéra et brûla sur la place.

Trois mois après, nouveau pillage. Le 17 juillet, « peu avant midi », une foule compacte pénètre tumultueusement sous les voûtes du Palais, enfonce les portes du bureau du timbre, brise les cloisons intérieures, et enlève, à nouveau, papiers, parchemins timbrés et *mérains*. Averti, le duc de Chaulnes, gouverneur militaire, accourt sur la place du Palais à la tête des gardes qu'il a pu réunir. Il est repoussé à coups de pierres. De son côté, le Procureur-syndic fait battre la générale, rassemble quelques miliciens et « nobles bourgeois », se transporte à leur tête devant le Palais, donne des ordres aux chefs. Une sinistre décharge d'arquebuses retentit, blesse quelques pillards, tue l'un d'eux, met les autres en fuite (2). L'émeute est dissipée, mais le sang a coulé !

(1) Salle de réunion des créanciers du tribunal de commerce.

(2) Reg. secr. 244, f° 77.

Le lendemain, la Cour se réunit, et, conformément aux réquisitions de son Procureur général, désigna deux conseillers pour dresser procès-verbal du pillage et informer sur les violences exercées. Par le même arrêt, elle interdisait « à toutes personnes de s'attrouper, prendre les armes et faire battre le tambour, sans ordre exprès du Gouverneur de la Ville, à peine de la vie »(1); enjoignait aux commis des bureaux du timbre qui avaient pris la fuite de continuer leurs fonctions, avec défense à tous de les troubler et maltraiter sous peine de mort; ordonnait « à tous capitaines, quarteniers ou cinquanteniers, leurs lieutenants et enseignes et à tous bourgeois de se tenir prêts et en état de se mettre en armes à la moindre émotion, courir sus aux séditieux, les appréhender et les rendre à justice *vifs ou morts*, sans qu'ils en puissent, ci-après, être recherchés en aucune manière », et prescrivait enfin à ses huissiers de publier et d'afficher son arrêt aux carrefours et lieux accoutumés(2).

Exil du Parlement a Vannes.

Pour punir Rennes de sa révolte, de sa chanson séditieuse(3) et de l'insulte faite par ses habitants au

(1) De Chaulnes avait licencié la milice bourgeoise peu de temps auparavant.

(2) Reg. secr. 244, f°s 72 et 73.

(3) *La ronde du papier timbré.* Mahoudeau, *Discours de rentrée de la Cour en 1897.*

gros duc de Chaulnes et à la duchesse sa femme[1], Louis XIV donna, le 18 septembre 1675, l'ordre au Parlement de se rendre sous huit jours à Vannes pour y remplir désormais ses fonctions, et le maintint en exil jusqu'au mois de novembre 1689.

État d'abandon du Palais durant l'exil.

N'étant plus fréquenté chaque jour par ses nombreux magistrats, ses avocats, ses procureurs et leurs clercs, ses plaideurs, ses officiers de tout rang et leurs familles, le Palais, après le départ du Parlement, fut abandonné par ses marchands et ses artisans. Ses voûtes, son rez-de-chaussée et sa cour intérieure devinrent une sorte de terrain vague, rendez-vous des vagabonds, des laquais et « des fripons » qui s'y réunissaient pour jouer et « y tenir brelans », un dépotoir pour les immondices et les dépôts de bois des habitants du voisinage. Aussi, en 1691, après son retour à Rennes, la Cour dut-elle « faire très expresses défenses, à peine du fouet et autre punition exemplaire, » à ces désœuvrés de fréquenter l'édifice ; de jouer sous les voûtes, sur l'escalier et le perron ; ordonner l'enlèvement des bois et immon-

(1) Lettre de Mme de Sévigné du 16 octobre 1675. Livre de Comptes, de Gilles de Boisbaudry, Avocat général (Arch. départ.).

dices qui encombraient et souillaient ses galeries et son circuit; interdire « de porter et faire ordures autour du Palais, à peine de prison et de 5 livres d'amende, même d'aller p... sur le perron et les escaliers du dehors et du dedans » et enjoindre à ses huissiers « de faire la visite de l'édifice deux fois par jour, de chasser les gueux et de les constituer prisonniers, quand ils les y trouveraient la nuit[1]. »

Retour du Parlement.

Cédant aux supplications des États de Bretagne et de la Communauté de Rennes, Louis XIV signa enfin, au mois d'octobre 1689, les lettres patentes qui prescrivaient au Parlement de revenir siéger à Rennes. Mais la Cour n'en reçut communication que le 21 novembre, et elle ne reprit possession de son Palais que le 1er février 1690[2].

« A Rennes, la joie fut grande ; on fêta le retour du Parlement. Le samedi 28 janvier 1690, le Corps de ville s'assembla et alla, à quatre heures de l'après-midi, « avec ses officiers ordinaires, en habits de cérémonie », saluer le Premier Président en son hôtel rue Corbin[3]. » Deux mois après, en signe de

(1) Reg. secr. 276, f° 10, et 278, f° 26.
(2) *Id.*, 21 nov. 1689 et 1er fév. 1690.
(3) Mahoudeau, *Discours de rentrée de 1897*.

réjouissance, les professeurs du collège des Jésuites firent soutenir par leurs élèves « une thèse ou action de grâces au Roi », dans la salle des Pas-Perdus, somptueusement décorée par eux pour la circonstance[1].

INCENDIE DE RENNES. — DÉGATS AU PALAIS. — LES PRISONNIERS ENFONCENT LES PORTES DE LEURS CACHOTS.

Dans la nuit du 22 au 23 décembre 1720, un effroyable incendie, dû à l'état d'ivresse d'un menuisier, surnommé La Cavée, éclata dans la rue Tristin et, se propageant de rue en rue, consuma toute la partie centrale de la ville de Rennes. Il dura huit jours. Trente-deux rues ou places, une église paroissiale, une chapelle, la tour de l'horloge, trois mille deux cent quatre-vingt-quatre maisons, et parmi elles, le Présidial, furent détruites ; six ou sept mille personnes furent tuées, étouffées, écrasées ou estropiées. « Le Palais de Justice n'eut que peur, parce qu'on coupa neuf ou dix maisons prochaines, et heureusement il fut sauvé[2] ».

Cependant, le pavillon occidental fut léché par les flammes[3] et subit quelques dégâts. Pour protéger

(1) Description de « l'appareil » au chapitre Salle des Pas-Perdus.

(2) Lettre d'un religieux à son supérieur à Metz. — DUCREST DE VILLENEUVE, *Histoire de Rennes*.

(3) Bibl. du Palais, gravure de Thomassin, d'après le dessin de Huguet fils, architecte, témoin oculaire de l'incendie.

l'édifice, pour éviter qu'il devînt la proie des flammes, on avait démoli, en partie, les couvertures en plomb de ce pavillon et de l'aile ouest du monument. Les prisonniers détenus dans les fosses basses furent tellement affolés, lorsque l'incendie gagna le Palais, que, dans leur terreur, ils enfoncèrent avec leurs bancs presque toutes les portes de leurs cachots. Le Procureur général fut obligé de les faire transférer dans l'une des tours de l'enceinte fortifiée de la ville, la tour Lebal[1].

Le Palais sert de refuge provisoire aux sinistrés.

Seul local très vaste subsistant à Rennes après l'incendie, le rez-de-chaussée du Palais servit, durant quelques mois, de refuge à des habitants sans abri, et ses galeries et sa salle des Procureurs, de dépôt pour les mobiliers épars sur les places publiques.

Baraquements en bois construits autour du Palais.

Par ailleurs, le Parlement autorisa les sinistrés sans demeure à édifier au bas du perron et sur la plate-forme, régnant alors entre les deux ailes du Palais, des baraques en bois pour se loger provisoi-

(1) Reg. secr. 335, f°s 34 et suiv.

rement. Mais le provisoire s'éternisait ; les bénéficiaires de ces cahutes ne voulaient plus déguerpir. La Cour se vit contrainte de leur enjoindre, par arrêt, d'abattre ces constructions dans les trois jours, « faute de quoi, il y serait pourvu à leurs frais. » Ils firent la sourde oreille, et elle dut, en juillet 1722, donner mission à l'un de ses conseillers de faire démolir les baraques par des ouvriers, « aux frais de ceux qui les occupaient »[1].

Érection sur la place de la statue équestre de Louis XIV.

Cinq ans après le sinistre, Rennes renaissait embellie. Déjà, l'hôtel de ville était construit, les maisons particulières s'alignaient de toutes parts le long de nouvelles rues tracées au cordeau, et, sur la place du Palais singulièrement agrandie, des constructions s'édifiaient conformes au plan proposé par l'architecte Gabriel.

Pour orner cette place, la Municipalité décida l'érection d'une statue équestre de Louis XIV, en empereur romain, semblable à celle qui existait, à Paris, sur la place des Victoires.

Le 6 juillet 1726, au milieu de réjouissances publiques, le Corps de ville inaugura ce monument,

(1) Reg. secr. 338, f°s 51 et 55.

que les Rennais appelèrent le Cheval de Bronze. Un dessin de Huguet, gravé par Desroches, nous donne une idée et la relation succincte de la fête[1].

Cette gravure représente, comme fond, le Palais de Justice et la perspective de la nouvelle place, sur laquelle se dresse, au centre, la statue équestre sur un piédestal élevé, orné de bas-reliefs en bronze. A gauche, ouverte de trois côtés, une tente abritant les autorités, assises autour d'une vaste table ronde. Les quinze compagnies de la milice bourgeoise, en armes et en costumes de gardes-françaises, défilent devant le socle inauguré. Au bas de la place brûle un feu de joie que vient d'allumer une délégation du Parlement, en toges et coiffée de monumentales perruques. Autour du bûcher, tambours et trompettes de la milice battent et sonnent les honneurs. A droite, des artilleurs tirent une salve et font éclater des boîtes d'artifice. Au bruit, les chevaux se cabrent, des femmes fuient épouvantées. Des fenêtres du Palais le Parlement et ses invités contemplent ce spectacle.

Autre fête sur la place du Palais.

Du reste, les membres de la Cour souveraine assistèrent des balcons du Palais à plusieurs autres

(1) Gravure encadrée ornant la bibliothèque de la Cour.

fêtes publiques. Le 18 novembre 1744, notamment, le duc de Rohan, président de la noblesse aux États de Bretagne, offrit aux habitants de Rennes un pantagruélique banquet populaire, avec cortège travesti.

M. Decombe, conservateur du musée archéologique, en a retrouvé à la bibliothèque municipale la relation pittoresque dans un vieux livre intitulé *Varia*. Nous la transcrivons textuellement[1] :

« Elle fut annoncée le matin par plusieurs salves de canons. La milice bourgeoise s'étant mise en bataille dans la place du Palais, M. le maréchal de Brancas, commandant de la province, accompagné de MM. les commissaires du Roy et de l'assemblée des Estats, après avoir assisté au *Te Deum* chanté dans la chapelle des Estats, se rendit dans la grande salle du Palais, pour être présents au banquet public.

« Deux trompettes et six cors de chasse, escortés de plusieurs cavaliers, commencèrent la marche et entrèrent dans la place en sonnant des fanfares, qui donnèrent le signal aux salves du canon et de la mousqueterie et aux cris de joye du peuple.

« On vit, en même temps, paraître une troupe de jeunes gens vêtus de blanc et ornés de rubans bleus, portant des corbeilles pour distribuer les pains. Une pareille troupe, distinguée par des rubans rouges,

(1) *Bulletin Société archéol. Ille-et-Vilaine*, année 1877.

était chargée de la distribution des viandes. Ces deux troupes étaient accompagnées de bergers galamment habillés et marchant au son des musettes, des hauts-bois et des tambourins.

« Deux suisses et douze hommes de livrée de M. le duc de Rohan marchaient ensuite et précédaient un grand char, tiré par six chevaux couverts de caparaçons armoriés et menés en main par les palefreniers de la même livrée. Le char, monté sur huit roues, orné de lauriers, de festons, de guirlandes et de banderolles, formait une table couverte d'une toile qui en cachait la charpente et sur laquelle étaient peints tous les attributs de l'abondance. Sur cette table était un plat argenté de 30 pieds de long sur 16 de large, au milieu duquel s'élevait un surtout portant un bœuf et deux veaux rôtis posés sur leurs pieds. Les flancs du plat étaient garnis de douze moutons rôtis et flanqués de cent pièces de différentes espèces de viandes; le tout parsemé de fleurs et de branches de laurier.

« Vingt cavaliers couvraient et fermaient la marche. Le char étant entré entre deux barrières, la distribution des pains et des viandes se fit au peuple, avec autant d'ordre qu'il est possible d'en observer avec la multitude. »

« On avait élevé aux quatre coins de la place des échafauds, ornés de pampre et de lierre, sur lesquels étaient des tonneaux de vin, que des hommes, déguisés avec les attributs de Bacchus, versaient à tous ceux qui se présentaient. »

« Des troupes de chanteurs, vêtus d'habits de caractère, répandus dans la place et animés de la joye publique, la redoublaient encore par des chansons vives et convenables à la fête.

« Le repas fut suivi de danses, au son des musettes, des tambours de basque et autres instruments, qui ne finirent qu'avec le jour. La fête fut terminée par la comédie que M. le duc de Rohan fit donner gratis au peuple. »

La Chalotais. — Son fameux compte-rendu de la Constitution des Jésuites. — Dissolution de la Société en Bretagne. — Incinération, au pied du grand escalier du Palais, des livres renfermant ses doctrines.

A l'exemple du Parlement de Paris, la Cour de Bretagne chargea, par arrêt du 17 août 1761, son illustre procureur général, Louis-René de Caradeuc de la Chalotais, d'examiner, pour lui en rendre compte, deux volumes, intitulés *Institutum societatis Jesu*, qu'elle avait invité le Père du Pays, recteur du collège de Rennes, à déposer à son greffe, livres contenant la collection complète des doctrines de la puissante société des Jésuites, si exécrée au XVIIe siècle par le clergé séculier et l'église gallicane.

Les 1er, 3, 4 et 5 décembre 1761, sous les superbes soffites de la grand'chambre, le Procureur Général donna lecture aux chambres assemblées de son célèbre compte-rendu, et flagella de sa mâle et grandiose éloquence, avec trop de passion, peut-être, le fanatisme religieux, tendant à placer tous les gouvernements sous le vasselage du général de l'Ordre et à enserrer toutes les sociétés civiles dans les liens gigantesques de sa redoutable organisation; prônant le régicide comme moyen d'action, exigeant de ses affiliés « abdication de tout sentiment personnel, de toute volonté propre, soumission absolue à la domination du général, promesse d'être dans ses mains comme un cadavre ou comme un bâton dans celles d'un vieillard ou comme Abraham sous les ordres de Dieu qui lui commandait d'immoler son fils », et autres propositions inquiétantes contenues dans les deux in-folio, visés par la Cour, et dans plusieurs autres volumes avoués par les Jésuites.

Le 23 décembre, dans cette même grand'chambre, après un délibéré qui prit de nombreuses séances, le Parlement, sous la présidence du premier président de la Briffe, prononça de fait la dissolution de la société dans le ressort de la Cour de Rennes, en défendant à tous sujets du roi d'entrer dans la société de Jésus ou de s'y affilier; à tous religieux de l'Ordre d'enseigner la théologie, la philosophie ou les humanités dans leurs écoles, collèges et séminaires de Bretagne ; aux parents d'y envoyer leurs enfants, et en ordonnant l'évacuation pour le 2 août 1762, fin de l'année scolaire, des trois collèges occupés par elle[1].

Le même arrêt prescrivait la lacération et la combustion des livres publiés par cette Société « au pied « de l'escalier, vis-à-vis la grande porte du Palais, « par l'exécuteur de la haute justice, comme sédi- « tieux, destructifs de tous principes de la morale « chrétienne, enseignant une doctrine meurtrière et « abominable, non seulement contre la sûreté de la « vie des citoyens, mais même contre celle des « personnes sacrées des souverains. » Il ordonnait, enfin, à tous détenteurs des livres condamnés de les apporter au greffe.

En exécution de cette sentence, un certain nombre de volumes furent lacérés et brûlés par la main du bourreau, le 29 décembre 1761, devant la porte principale du Palais, en présence de Le Clavier, greffier civil en chef du Parlement, assisté de deux huissiers de la Cour et de nombreux spectateurs.

A l'expiration du délai fixé par le Parlement, les Jésuites firent leurs adieux à leurs élèves, les excitèrent contre La Chalotais et jurèrent à leurs auditeurs d'être immortels.

(1) Reg. secr. 381, f°s 6, 7, 8, 9, 10.

Surexcités par ces paroles, les étudiants chansonnèrent le Procureur Général et le brûlèrent en effigie dans les carrefours. Rennes et la province se virent inondées de libelles. Le Parlement en ordonna l'autodafé, comme toujours, au pied du grand escalier du Palais. Le bourreau exécuta l'arrêt[1].

LUTTE ÉPIQUE DU PARLEMENT DE BRETAGNE CONTRE LOUIS XV. — SES REMONTRANCES INCESSANTES. — DÉMISSION DE LA GRANDE MAJORITÉ DE SES MEMBRES.

De la fin de l'année 1763 à l'année 1769, le Palais fut le témoin de la lutte acharnée du Parlement de Bretagne contre la royauté et le duc d'Aiguillon, son représentant à Rennes.

Les guerres désastreuses du règne, les prodigalités de la Cour, les exactions des ministres nécessitaient, sans cesse, des demandes d'impôts nouveaux. Les États de Bretagne protestaient. De son côté, le Parlement, appelé à enregistrer les édits de la couronne créant ces nouvelles taxes, accompagnait, chaque fois, de remontrances au souverain l'accomplissement de cette formalité.

Las de ces protestations, Lavardy, contrôleur général des finances, fit décréter, le 21 novembre

(1) *Hist. de Rennes*, par DUCREST DE VILLENEUVE et reg. secr.

1763, par simple arrêté du Conseil du Roi, et sans le concours des États de la province, la levée d'une taxe additionnelle « de deux sols pour livre » sur les impôts déjà existants.

C'était la violation absolue de l'une des prérogatives de la Bretagne, stipulée lors du mariage de la duchesse Anne. Les États formèrent opposition à la perception du nouvel impôt. La chambre des vacations qui seule, à ce moment, siégeait au palais, accueillit la requête, le 16 octobre 1764, et défendit provisoirement aux régisseurs et commis de continuer à encaisser « les deux nouveaux sols pour livre ».

Le Conseil du Roi cassa l'arrêt. Alors le Parlement tout entier adressa à Louis XV d'énergiques remontrances et lui renvoya, sans enregistrement, ses lettres patentes du 7 novembre 1764[1].

Le 28 décembre, nouvelle injonction du Roi d'enregistrer, sans aucun délai, les lettres en question. Nouveau refus et nouvelles remontrances du Parlement qui, en prévision « d'un coup de force » de la part du duc d'Aiguillon, prit un ferme arrêté de résistance[2].

La compagnie judiciaire fut mandée à Paris et

(1) Arrêt du 4 déc. 1764, reg. secr. 384, f°s 5 et suiv.
(2) Reg. secr. 384, f°s 9 et 12.

dut emprunter 60 000 livres pour ses frais de voyage et de séjour dans la capitale (1).

Rennes approuva pleinement l'attitude de son Parlement ; aussi, avant son départ, les avocats, les procureurs, les huissiers, la Communauté de ville, les juges-consuls, la Faculté « des droits », les bénédictins, le principal et les professeurs du collège et les frères Prêcheurs et Mineurs demandèrent-ils « l'entrée de la grand'chambre pour avoir l'honneur de complimenter la Cour. »

L'entrée fut accordée (2).

De même, à son retour, pareils compliments lui furent adressés ; et, cette fois, se présentèrent de nouvelles communautés et compagnies : les augustins, les capucins, l'abbesse et les religieuses de Saint-Georges avec leur chapelain, et, enfin, les juges de la Sénéchaussée.

Le Roi reçut les 18 et 20 mars 1765 les magistrats bretons et entendit leurs explications d'une oreille distraite et prévenue. A cette dernière date, après quelques paroles sèches, il les congédia en ces termes : « Retournez à Rennes sans délai ; que « votre service soit repris dès le premier jour de « votre rentrée, je vous l'ordonne expressément : je

(1) Reg. secr. 384, f° 21.
(2) *Id.*, f° 25.

« ne vous répondrai, au reste, que quand vous « m'aurez obéi ! »

De retour à Rennes, la Cour s'assembla les 5 et 6 avril, dressa procès-verbal de ses visites au Roi, et, en masse, à l'exception de douze membres, déclara qu'elle se démettait de ses fonctions, mais continuerait son service ordinaire « jusqu'à ce qu'il ait été autrement par sa Majesté pourvu à l'administration de la Justice souveraine dans la province[1]. »

L'acte contenant soixante-dix démissions[2], et non soixante-seize comme l'ont écrit différents historiens, fut adressé au Roi par la poste.

Choiseul tenta une conciliation. Pour toute réponse, la Cour, chambres assemblées, rendit, le 26 avril 1765, un arrêt qui interdisait « aux préposés, commis et régisseurs, sous peine de concussion, de lever les deux nouveaux sols pour livre, en sus des droits des fermes générales » et ordonnait aux agents du fisc de restituer les sommes qu'ils avaient déjà perçues.

Le 3 mai, le Conseil d'État du Roi cassa cette décision.

(1) Reg. secr. 384.

(2) Arch. du Parl. B. 73 ; POCQUET, t. I, p. 515 : *Le duc d'Aiguillon et La Chalotais*. Mais le 22 mai quinze autres magistrats firent signer par procuration l'acte de démission, ce qui porta le nombre des démissionnaires à quatre-vingt-cinq.

La querelle descendit dans la rue; des scènes tumultueuses se produisirent aux portes du Palais; le Roi et ses ministres furent bafoués. Le 20 mai, de nombreux conseillers quittèrent définitivement leurs sièges et interrompirent le cours de la justice.

Les Parlements de Rouen, de Pau, de Dijon et de Toulouse, auxquels des mémoires justificatifs avaient été adressés; comme, du reste, aux autres Parlements de France, prirent fait et cause pour la Cour souveraine de Bretagne.

Les mois suivants se passèrent en résistances d'une part, en répressions de l'autre.

Le 10 novembre 1765, La Chalotais, son fils Anne-Jacques Raoul de Caradeuc et trois conseillers, accusés de complot contre l'État, furent arrêtés et incarcérés au couvent des Cordeliers. Vainement le Roi écrivit-il à tous les conseillers démissionnaires, pour les inviter à reprendre leurs fonctions et à enregistrer l'impôt; d'unanimes refus accueillirent cette démarche du Prince, qui, dans son irritation, supprima les offices des récalcitrants.

Cour martiale instituée pour juger La Chalotais et les autres magistrats incarcérés. — Le bailliage d'Aiguillon.

Louis XV tenta alors, pour juger La Chalotais, de créer une sorte de Cour martiale, composée de douze magistrats de son Conseil privé, qui s'installa au Palais de Justice. Les protestations devinrent tellement vives en Bretagne, et même dans la France entière, que le Roi se vit contraint d'ordonner à son représentant à Rennes, le duc d'Aiguillon, de réorganiser, vaille que vaille, le Parlement breton.

Le 16 janvier 1766, le duc installa, sous la direction du premier président de la Briffe, une nouvelle Cour composée des douze magistrats non démissionnaires et de dix conseillers qui avaient consenti à reprendre leurs fonctions.

Aussitôt les Rennais, frondeurs par caractère, de surnommer ce nouveau Parlement le Bailliage d'Aiguillon, de le chansonner, de lui exprimer leur mépris, de critiquer ses arrêts, d'outrager ses membres, de souiller les portes de leurs demeures d'ordures et d'inscriptions. Aussi, à la rentrée du 5 décembre 1766, tous ne répondirent pas à la convocation; dix-sept membres seulement se présentèrent au Palais. Les avocats et le chapitre de la cathédrale refusèrent d'assister à la messe du Saint-Esprit; les abbayes et couvents de la ville n'y envoyèrent pas de délégations; enfin, le Barreau s'abstint de plaider devant la Cour réduite qui ne pouvait utilement fonctionner sans eux.

Le grand chancelier, comte de Saint-Florentin, intima aux avocats l'ordre de continuer leur service.

Even, leur bâtonnier, les réunit pour délibérer sur cette injonction. Par cinquante-deux voix contre onze, ils déclarèrent n'avoir pas d'ordre à recevoir du ministère ; et la lettre du chancelier fut retournée au duc d'Aiguillon.

Cependant, le nouveau Parlement enregistrait, avec docilité, tous les édits royaux et les rendait exécutoires, mais ne jugeait plus, n'étant pas en nombre suffisant. La situation devenait intenable. Le 10 mai 1768, sentant son impopularité toujours grandissante, la Cour, à la majorité des voix, après une lutte très vive et des discussions on ne peut plus grossières, décida d'écrire au Roi pour lui demander « le rappel de l'universalité » des anciens membres du Parlement et la suspension des poursuites dirigées contre La Chalotais et ses codétenus(1).

La lettre adressée au Roi fut renvoyée de Paris, le 18 mai, « sans que sa Majesté, écrivait le Ministre, eût voulu la lire. »

Rappel des anciens membres du Parlement. — Rentrée solennelle du 15 juillet 1769. — Fête a l'occasion du retour des magistrats démissionnaires. — Illumination du Palais.

Cédant, enfin, aux supplications réitérées de la Cour réduite et au vœu de l'opinion publique,

(1) Reg. secr. 387, f°s 46, 48.

Louis XV, par édit du 9 juillet 1769, rappela tous les membres qui, antérieurement à la séance du 6 avril 1765, composaient le Parlement. Seuls, les procureurs généraux La Chalotais et de Caradeuc, encore en exil, furent exceptés.

Le retour des magistrats démissionnaires fut salué à Rennes par des manifestations joyeuses. M. Lucien Decombe en a retrouvé aux archives communales le récit circonstancié dans une relation de l'époque dont, plus loin, nous transcrivons entre guillemets certains fragments [1].

Le 15 juillet 1769, la Cour, assemblée au Palais en audience plénière, après avoir entendu un discours fort applaudi de son avocat général Duparc-Porée, fut invitée par ce magistrat à enregistrer l'édit du Roi, « signé Louis, scellé du grand sceau de cire verte en lacs de soie rouge et verte », qui rétablissait dans leurs fonctions la plupart de ses membres. Elle répondit, par l'organe de son Premier Président, que l'ordonnance du souverain serait transcrite sur son registre, mais exprima, dans une phraséologie obséquieuse, l'espoir que cet enregistrement ne pourrait « être un obstacle au succès des très humbles « et très respectueuses représentations qu'elle pren- « drait la liberté d'adresser au Roi sur les clauses de

(1) *Bull. Société Arch. Ille-et-Vilaine*, année 1877.

« cet édit qui portait atteinte à la constitution de son « Parlement, et, en général, sur tout ce qui intéressait « l'ordre public et le bien du service de sa Majesté [1]. »

Puis elle « donna entrée de la grand'chambre » successivement aux avocats, aux procureurs, aux juges de la sénéchaussée, à la Faculté « des droits », aux juges des eaux et forêts, à la Communauté de ville, aux religieux, juges-consuls, étudiants en droit, dames abbesse, prieure et religieuses de l'abbaye royale de Saint-Georges, au chapitre de la cathédrale, etc., et subit vingt-neuf discours de félicitations [2]. Filly, doyen des échevins, à la tête du Corps de ville, « en petit manteau et collet », termina ainsi son allocution : « Que manque-t-il désormais à notre bonheur ? Le rappel de deux magistrats célèbres [3], la bienveillance et la protection de la Cour ! »

« A l'issue de la séance, la foule qui se pressait dans les rues, sur le passage des magistrats, les acclama et alluma dans tous les carrefours des feux de joie, des boîtes et des pétards. Les procureurs eux-mêmes avaient fait dresser un bûcher auquel ils allèrent, en corps, mettre le feu.

« Le soir, toutes les maisons de la ville furent

(1) Reg. secr. 388, f°s 30 et suiv.

(2) *Recueil de pièces, discours et félicitations, etc.*, Rennes, 1770, et reg. secr.

(3) MM. de Caradeuc de la Chalotais père et fils, encore exilés.

illuminées. Le Palais flamboyait depuis le rez-de-chaussée jusqu'au comble. Toute l'architecture était dessinée par des lampions. Les colonnes et les pilastres, leurs bases et leurs chapiteaux, l'entablement, les plinthes et les impostes, les tableaux et les cintres des croisées étaient exactement et régulièrement décorés. La galerie régnant au-dessus de l'entablement était pareillement illuminée; chaque balustre était marqué par un gros lampion, et l'on avait placé sur chaque piédestal de l'acrotère une grosse terrine qui formait un vase de lumière.

« Le vide des croisées du milieu était rempli par des tableaux transparents. Celui du milieu représentait les armes du Roi : on lisait sur celui qui était à droite : *justicia et pax osculatæ sunt ;* et sur celui qui était à gauche : *salus ubi multa consilia.* Les deux autres tableaux représentaient les armes du Roi, en alliance avec celles de la Province.

« L'hôtel de ville et la cathédrale furent également illuminés. Devant la cathédrale, on avait dressé un bûcher au haut duquel était une discorde et pour inscription : *sic perit Discordia.*

« A onze heures, la duchesse de Duras, femme du nouveau commandant de la province, assista à un feu d'artifice sur la place du Palais, et mit ensuite le feu à un bûcher élevé au milieu de cette place. On dansa jusqu'au jour dans les rues, qui ne cessaient de retentir du bruit des instruments, des détonations des armes à feu et des pièces d'artifice...

« Les jours suivants, eurent lieu de nouvelles réjouissances. Les recteurs de toutes les paroisses de Rennes se signalèrent à l'envi... Le recteur de Saint-Germain fit élever, devant le Palais de Justice, un obélisque octogone de 36 pieds d'élévation, posé sur un piédestal à quatre faces, et fit célébrer dans son église une messe solennelle à laquelle assistèrent les membres du Parlement et les juges du Présidial. A l'issue de l'office, les magistrats et le clergé sortirent processionnellement et se rendirent sur la place du Palais pour mettre le feu à quatre bûchers préparés par les soins du recteur.

« Le clergé des campagnes voulut aussi prendre part à ces manifestations. Environ cent cinquante recteurs du diocèse se réunirent à Rennes et allèrent complimenter le Parlement, ainsi que le duc et la duchesse de Duras. Après avoir chanté une grand'messe et un *Te Deum* dans l'église des Cordeliers, ils sortirent processionnellement pour allumer quatre feux de joie qu'ils avaient fait préparer sur la place du Palais et banquetèrent ensuite aux Cordeliers, dans le grand réfectoire du Couvent. »

De leur côté, à l'occasion de la rentrée du Parlement, les officiers municipaux de la Communauté de Rennes donnèrent le 16 août 1769 une fête de nuit spendide sur la place Royale (place de la Mairie), suivie d'un bal à l'hôtel de ville[1].

NOUVELLES LUTTES DU PARLEMENT ET DE LA ROYAUTÉ. — INTERVENTION DU COMTE DE GUYON ET ENREGISTREMENT FORCÉ D'ÉDITS. — SUPPRESSION DE TOUS LES OFFICES DE LA COUR. — ENVAHISSEMENT MILITAIRE DU PALAIS PAR LE DUC DE FITZ-JAMES. — INSTALLATION D'UN PARLEMENT RECONSTITUÉ.

A peine réinstallé, le Parlement, ainsi qu'il l'avait annoncé à l'audience de rentrée du 15 juillet 1769, adressait au Roi de nouvelles remontrances sur ses édits et chargeait une députation de les « porter au pied du trône »[2].

Bientôt, le procès criminel intenté à La Chalotais et à son fils donna naissance à un grave conflit d'attributions.

En décembre 1769, l'ancien Procureur général sollicita, par requête adressée à la Cour, le dépôt au greffe des pièces pouvant justifier une accusation contre lui et de toutes celles qui avaient motivé les différentes lettres patentes intervenues au procès. Tout accusé jouissant du droit incontestable d'ob-

(1) Voir description de la fête, *Bull. Société archéol.*, année 1877.
(2) Reg. sec. 389, f°s 8 et 9.

tenir communication des documents qu'on lui oppose, la Cour accueillit cette demande [1].

Le 8 janvier 1770, elle prit une mesure plus radicale. Convaincue de l'inanité des accusations et sentant tout l'odieux de poursuites purement politiques, elle demanda instamment au roi le rétablissement de ses deux procureurs généraux dans l'exercice de leurs fonctions [2].

Le dépôt des pièces, au greffe du Parlement de Bretagne, devenait un danger pour le Ministère et le duc d'Aiguillon. Il devait avoir pour conséquence de révéler aux magistrats bretons certaines menées sourdes, certains agissements répréhensibles qu'ils soupçonnaient. Il fallait parer le coup, donner au duc et à quelques ministres le temps de se justifier par la publication de mémoires, de préparer l'opinion publique, de lui expliquer les motifs de leur animosité contre le Parlement. Pour éluder la communication ordonnée, le Conseil privé du Roi suggéra au souverain l'idée d'enlever à la Cour de Rennes reconstituée la connaissance du procès, de lui défendre d'édifier désormais aucune procédure, de rendre aucun arrêt, d'annuler les quarante et une dépositions recueillies en Bretagne et de faire juger l'affaire à

(1) Reg. secr. 389, f° 13

(2) *Id.*, f° 17.

Paris. Un arrêt du Conseil fut rendu dans ce sens[1]. Dans le même but, la Chancellerie rédigea des lettres patentes qui, revêtues de la signature royale et scellées du grand sceau, furent transmises au Parlement de Bretagne. Celui-ci protesta énergiquement, alla même jusqu'à contester au prince le pouvoir de prendre de telles mesures et refusa l'enregistrement des lettres[2].

Il saisit du différend tous les Parlements de France; puis, le 14 août 1770, il ordonna au bourreau de lacérer et de brûler, au pied du grand escalier du Palais, les deux mémoires imprimés pour la défense du duc d'Aiguillon[3].

Pour vaincre cette résistance, ordre fut transmis au comte de Goyon, maréchal des camps et armées du roi, de faire transcrire sur les registres du Parlement, au besoin par la force, les lettres patentes dont l'enregistrement avait été rejeté; de rayer l'arrêt du 14 août et de défendre à la Cour de s'assembler avant la rentrée de la Saint-Martin (12 novembre).

Le 23 août 1770, le représentant du Roi, accompagné d'un détachement de troupe en armes,

(1) Procès instruit extraord. (édition de 1770, t. III, p. 208-220); Bibl. nation., manusc. fr. 6680 (Hardy), f°s 37 et 38.

(2) Reg. secr. 28 mars 1770.

(3) Reg. secr. 389, f°s 46, 47, 85, 89.

pénétra dans la grand'chambre du Palais où siégeait la Cour, en assemblée générale. Ne voulant pas se soumettre, les magistrats se couvrirent et se retirèrent dignement par la porte située au haut de la salle. Seuls, le premier président de la Briffe, l'Avocat général et le Greffier en chef, qui redoutaient une arrestation, restèrent sur leur siège. Celui-ci transcrivit, sous les yeux du comte de Goyon, les lettres du Roi et biffa sur le registre l'arrêt du 14 août.

Dans la nuit suivante, à 2 heures du matin, la Cour se réunit au Palais, protesta avec énergie, dressa procès-verbal de la violence qu'elle avait subie, et déclara nulles la transcription et les radiations opérées sur ses registres[1].

Tous les Parlements du royaume discutèrent à leur tour l'étendue des pouvoirs du souverain ; tous prirent parti pour les magistrats bretons et se solidarisèrent avec eux.

Irrité de cette opposition, Louis XV, à l'instigation du chancelier de Maupeou, résolut de sévir, et par ses édits de décembre 1770 et de février 1771, frappa tout d'abord le Parlement de Paris.

En réponse à ces coups d'autorité, le Parlement de Bretagne riposta, le 16 mars 1771, par un arrêté

(1) Reg. secr. 389, f° 95.

longuement motivé[1] contestant la légalité d'édits « n'ayant d'autre but que d'asservir la magistrature, d'aliéner son indépendance » et blâmant le ministre.

Par le même arrêt il décida : d'écrire au Roi « de « n'écouter que ses sentiments personnels, d'écarter « du trône les obstacles qui s'opposent au triomphe « de la justice et de la vérité, de rendre à son État « sa splendeur et sa tranquillité en lui rendant ses « magistrats et ses lois ; » d'envoyer aux Princes et aux Pairs son arrêté, et de les prier d'employer leurs bons offices « pour faire parvenir jusqu'au trône les réclamations de la magistrature, attendu que les ministres interceptent les remontrances et respectueuses représentations. »

Quelques mois après, le Parlement breton fut frappé à son tour. Sous prétexte d'abolir la vénalité des charges, mais, en réalité, pour se débarrasser de magistrats dont l'indépendance entravait sans cesse les actes du gouvernement, le monarque, par son édit de septembre 1771, supprima tous les offices de la Cour, en ordonna le remboursement et déclara qu'il se réservait de pourvoir à l'administration de la justice, en sa province de Bretagne, « ainsi qu'il verrait bon être. »

(1) Reg. secr. 390, f°s 22 et 23.

Par autre édit et lettres patentes du 28 du même mois, il créa de nouveaux offices, en désigna les titulaires, supprima les « épices et vacations », fixa « les gages » et ne conserva au sein du Parlement reconstitué que les magistrats réputés dévoués ou dociles aux ordres du pouvoir central[1].

Le 25 octobre 1771, le duc de Fitz-James, le nouveau commandant en chef de la province, et de Bastard, conseiller d'État, porteurs des ordres du Roi, se présentaient au Palais de Justice, accompagnés de la maréchaussée, apposaient le sceau du Parlement qu'ils s'étaient fait remettre par Picquet de Boisguy, l'ancien greffier en chef, sur la serrure du Greffe et constituaient gardien du scellé Pierre Bélier, cavalier de la maréchaussée.

Le lendemain de Bastard, en présence du Procureur général, du duc de Fitz-James et du premier commis du Greffe, levait le scellé et remettait les clefs et le sceau de la Cour au nouveau greffier en chef, Desnos[2]. Puis le duc, en habit de cérémonie, et le Conseiller d'État, « en robe et soutane de satin, rabat plissé et bonnet carré », prenaient séance dans la grand'chambre, de Fitz-James, à la droite du Premier Président, et de Bastard avant le Conseiller-doyen.

(1) Reg. d'enreg. des édits et lettres patentes. Arch. du Parl.
(2) Arch. du Parl., procès-verbal, liasse B., 57.

Après l'entrée des magistrats, le commandant militaire prononça un discours, présenta ses lettres de créance et celles du conseiller d'État qui l'accompagnait, et en prescrivit la lecture par le greffier. En vertu d'un ordre particulier du Roi, le vicomte de la Ville-Vollette, dernier conseiller titulaire, en requit l'enregistrement.

A son tour, de Bastard, après avoir salué le duc de Fitz-James, le premier président de la Briffe et les membres de la Cour, replaça son bonnet carré sur sa tête, et, assis, parla en ces termes :

« Messieurs, vous recevez, en ce jour, la récompense due à votre fidélité. Le Roi vous rappelle aux fonctions de la magistrature. Si sa Majesté par des vues de sagesse et d'utilité publique a été obligée de retirer, pour un moment, de vos mains le dépôt de la justice souveraine, ce n'est que pour vous rendre plus dignes de vos sentiments et de la noblesse de votre ministère. La paix rentre avec vous dans le sanctuaire des lois ; son règne sera durable ; vos vertus en garantissent la stabilité. »

Alors, le duc de Fitz-James déposa sur le bureau du Premier Président l'édit royal portant création des offices et fit ouvrir au public les portes de la salle. Le greffier donna lecture de l'édit et le conseiller faisant provisoirement fonctions de Procureur général en requit l'enregistrement. Puis, les délégués du Roi procédèrent à l'installation du procureur général Grimaudet et reçurent le serment des nouveaux magistrats, des avocats généraux, du greffier en chef et du premier huissier[1].

Quelques magistrats protestèrent contre ces enregistrements forcés, et le Premier Président, esprit indécis et pusillanime, s'abstint de signer sur le registre le procès-verbal dressé et les radiations d'arrêts. Malgré ces velléités d'indépendance, la paix régna, pendant trois ans, entre le souverain et la nouvelle Cour bretonne, surnommée par les contemporains « le Parlement Maupeou. »

Rappel de l'ancien Parlement. — Entrée a la Cour de la Chalotais et de ses compagnons de captivité.

A la mort de Louis XV, l'un des premiers actes du nouveau Roi fut le rappel des anciens parlements et l'abandon des poursuites de « l'affaire de Bretagne. » Anne-Jacques-Raoul de Caradeuc et son père La Chalotais « procureur général du Roi en survivance et concurrence », rétablis dans leurs fonctions, reprirent leur place au parquet et au banc « des gens du Roi. »

La séance de « rétablissement » du Parlement

(1) Archiv. du Parlement. Procès-verbal d'installation, liasse B. 57 et reg. secr.

de Bretagne se tint, au Palais de Justice, le 16 décembre 1774. A 8 heures du matin, la compagnie entière se trouvant assemblée dans la grand'chambre, le sieur de Poncarré de Viarme, conseiller d'État ordinaire, y entra « en robe et soutane de satin, rabat plissé et bonnet quarré », et, ayant pris place à la tête du banc situé à la droite du Premier Président, il prononça un discours et requit l'enregistrement des lettres patentes qui lui donnaient mission de faire lire, publier et transcrire, en sa présence, trois édits : l'un rétablissant le Parlement entier dans ses fonctions, l'autre concernant la discipline de la Cour et le troisième conférant aux Présidiaux des pouvoirs plus étendus. Le premier président de la Briffe répondit. « Il témoigna à sa Majesté la vive reconnaissance du Parlement et de toute la province, et lui donna les assurances de l'amour le plus pur pour sa personne sacrée. » A leur tour, les gens du Roi discoururent. Sur l'ordre du Premier Président, les huissiers ouvrirent les portes de la salle, avocats, procureurs, clercs, gardes-sacs, receveurs des gages, épices et amendes, officiers de la chancellerie et leurs nombreux auxiliaires, public et personnel subalterne du Palais y pénétrèrent. Puis le greffier en chef lut, à haute voix, les édits royaux et les transcrivit sur le registre spécial (1).

(1) Reg. secr. 394, f°s 1 et suiv.

Le 22 décembre 1774, nouvelle audience de gala dans la grand'chambre du Palais. La Chalotais et ses compagnons de captivité demandèrent « l'entrée de la Cour », réunie en assemblée générale, et l'ancien procureur général, réintégré à son banc, la remercia de sa protection et affirma son innocence. Messire de la Briffe, premier président, lui répondit que la compagnie était fort touchée des sentiments de reconnaissance qu'il venait d'exprimer à son égard. « Elle a, dit-il, vivement senti et partagé vos peines et vos malheurs et n'a cessé de former des vœux pour votre retour. Jamais elle n'a douté de la fausseté des imputations que la calomnie avait inventées pour vous noircir auprès de sa Majesté[1]. »

Mort de la Chalotais. — Cérémonial au Palais de Justice. Le Parlement assiste en corps aux obsèques.

Louis-René La Chalotais ne reprit pas ses fonctions d'une manière effective; il en laissa la charge à son fils et se retira dans ses terres de Caradeuc, près Bécherel, où il vécut en philosophe.

Il mourut, à Rennes, le 2 juillet 1785. Le surlendemain, — ainsi qu'il était d'usage au décès d'un membre du Parlement ou de l'un de ses proches, — ses parents et ses amis vinrent au parquet des

(1) Reg. secr. 394, f° 10.

huissiers, à l'heure de l'audience, et demandèrent l'entrée de la grand'chambre où siégeait une partie de la Cour. Elle leur fut accordée aussitôt. L'avocat général Hercule du Bourgblanc les présenta et, en leur nom, supplia le Parlement d'assister aux obsèques du magistrat qui avait laissé, au Palais, un immortel souvenir. Le premier président du Merdy de Catuelan répondit que la Cour se trouverait à la cérémonie « et honorerait de sa présence le convoi du défunt[1]. »

Le Parlement entier et les juges du présidial se rendirent en corps aux funérailles qui furent solennellement célébrées le 5 juillet dans l'église Saint-Jean.

ARRÊTS CONCERNANT LA FABRICATION ET LA VENTE DES TABACS CASSÉS PAR LETTRES PATENTES. — ENREGISTREMENT FORCÉ DE CES LETTRES.

Sans renoncer à l'exercice de son droit de remontrances qu'il considérait comme le plus sacré de ses devoirs[2], le Parlement en usa, avec réserve, pendant les dix premières années du règne de Louis XVI, et, malgré l'agitation des esprits et la création continuelle de nouveaux impôts, sans l'assentiment des États de Bretagne, n'eut pas de conflits graves avec le ministère et la Cour de Versailles. Mais, en 1785, la discorde éclata.

(1) Reg. secr. 404, 4 juillet 1785.
(2) *Id.*, 407, 1er mars 1788.

Les fermiers des tabacs, abusant de leur monopole, vendaient impudemment aux consommateurs des produits corrompus ou fermentés. Chargée de la police générale de la province, la Cour de Rennes se préoccupe de cette fraude éhontée, ordonne des expertises, réglemente la vente, arrête l'écoulement des marchandises nuisibles à la santé publique, prescrit des poursuites contre les traitants. Ces mesures fort sages eurent pour conséquence une diminution notable dans le produit des tabacs en Bretagne. Émoi du pouvoir central, qui enjoint au Parlement l'abstention la plus complète en cette matière fiscale. Mais, fort de son droit, celui-ci ordonne contre les fraudeurs de nouvelles poursuites.

Alors, une fois de plus, le ministère eut recours à la force. Le 10 décembre 1785, le comte de Montmorin, commandant en chef en Bretagne, entra dans la grand'chambre. Porteur de lettres patentes annulant les arrêts du Parlement relatifs à la fabrication et à la vente des tabacs, il en exigea l'enregistrement immédiat.

La Cour protesta, maintint sa compétence pour connaître, soit sur appel, soit en premier ressort, par voie de haute police, des contraventions et délits commis par les fermiers des tabacs, et ajouta que les lois du royaume ne seraient jamais impunément violées sans protestation de sa part, dût-elle encourir la disgrâce du Roi ; qu'en persistant à juger et à réglementer les affaires de cette nature, elle avait pour but d'empêcher l'impunité des malversations et des abus commis par les traitants « que couvraient de hautes protections. » Elle arrêta encore qu'une députation irait porter ses « itératives » remontrances aux pieds de sa Majesté[1].

C'était un coup droit au ministère. Néanmoins une transaction intervint. Par lettres patentes, le Roi, tout en réservant à ses ministres le droit de régler la fabrication du tabac, le régime intérieur de la ferme et l'exercice de son privilège, reconnut, en matière de fraude, la compétence des juges de police et celle du Parlement.

Événements de 1787 et 1788. — Le Roi se fait apporter a Versailles le registre des délibérations secrètes du Parlement.

L'exil à Troyes du Parlement de Paris, le lit de justice du 20 septembre 1787, où le Roi, en personne, fit enregistrer par les magistrats de la capitale un emprunt de 440 millions, furent pour la Cour de Rennes des motifs de remontrances très vives. Des lettres de cachet mandèrent à Versailles le Premier Président et deux présidents pour four-

(1) Reg. sec. du Parlement.

nir des explications. Puis, peu de temps après, ordre fut transmis à la Cour de nommer une Commission qui serait chargée d'apporter à Versailles les registres secrets de la Compagnie. Le Roi reçut les délégués, leur adressa de vifs reproches et qualifia de séditieuse la conduite du Parlement de Bretagne.

Au retour de ses mandataires, la Cour se réunit au Palais et rendit, le 1er mars 1788, un arrêt mémorable dans lequel, très nettement, elle expose les motifs de sa résistance, proclame hautement ses prétentions et dénonce l'attitude qu'elle entendait conserver vis-à-vis du pouvoir central. Elle s'y déclare « très affectée du reproche fait par sa Majesté aux députés d'avoir cherché à se soustraire à ses ordres ; » mais « qu'elle n'en tiendrait pas moins pour maxime que le plus sacré de ses devoirs était de porter aux pieds du trône ses très humbles et très respectueuses représentations toutes les fois que l'ordre public et l'intérêt des peuples demanderaient qu'elle mît sous les yeux du monarque des vérités utiles. » Elle ajoute que dans toutes les questions d'ordre général, en l'absence des États généraux, les Cours, seules intermédiaires entre le souverain et ses peuples, avaient le devoir d'intervenir en faveur de ceux-ci et de rappeler le monarque à la stricte exécution des lois(1).

(1) Reg. secr. 407, 1er mars 1788.

De leur côté, les autres Cours du royaume s'attribuaient un droit de contrôle sur tous les actes du pouvoir. L'autocrate archevêque Lomenie de Brienne, premier ministre, et Lamoignon, garde des sceaux, résolurent donc de briser pour toujours la puissance des Parlements et, dans ce but, préparèrent en silence cinq édits. Mais des indiscrétions furent commises, et la Cour, avertie de l'arrivée à Rennes du comte de Thiard et de l'intendant de Bertrand de Molleville, pressentit qu'une mesure violente allait sous peu la frapper.

DRAMATIQUE JOURNÉE DU 10 MAI 1788. — ENVAHISSEMENT DU PALAIS DE JUSTICE PAR LES GRENADIERS DU ROHAN-MONTBAZON. — DE THIARD ET BERTRAND DE MOLLEVILLE, PORTEURS D'ORDRES, CONTRAIGNENT LE GREFFIER EN CHEF A ENREGISTRER LES ÉDITS ROYAUX, EN PRÉSENCE DU PARLEMENT, QUI PROTESTE PAR SON SILENCE. — ÉMEUTE DANS LA RUE. — LE PARLEMENT ACCLAMÉ EN LA PERSONNE DE SON PREMIER PRÉSIDENT.

Le 3 mai, le comte de Thiard, qui avait été nommé commandant militaire de la Bretagne, écrivit à la Cour pour lui annoncer son arrivée prochaine. Par un premier arrêt le Parlement convint de le recevoir, au Palais, avec le cérémonial accoutumé. Mais, deux jours après, il se ravisa. Prévoyant l'apport d'édits nouveaux, accompagnés de lettres de cachet, il se réunit le 5, et, après une violente diatribe contre « le despotisme ministériel», il annonça « protester d'avance contre toute atteinte qui pourrait être portée aux droits de la magistrature, essentiellement liés à ceux de la nation ; contre toute transcription qui pourrait être faite sur les registres et qui n'aurait pas été précédée d'une délibération libre, déclarant ladite Cour qu'elle n'entendait prendre aucune part à de semblables transcriptions et qu'elle les tiendrait pour nulles et incapables de produire aucun effet [1]. »

Le même jour, le procureur général-syndic des États, accompagné de très nombreux députés de l'ordre de la noblesse, demande l'entrée de la Cour et déclare que les États de Bretagne réclament formellement l'exécution du contrat de mariage de Louis XII et de la duchesse Anne et s'opposent à la vérification et à l'enregistrement de tous édits royaux contraires aux droits, privilèges et libertés de la Province.

Acte lui est donné de l'opposition des États. L'émoi est grand en ville. On s'attend à des actes de violence contre le Parlement ; et, le 6, plusieurs députations viennent exprimer à la Cour leurs appréhensions, leurs sympathies, leur affection. La

(1) Reg. secr. 407, 5 mai 1788.

Compagnie judiciaire délibère encore ce jour-là; et, « considérant qu'elle est de plus en plus menacée des coups d'autorité;... que ses registres peuvent être violés; elle déclare, derechef, nul et illégal tout ce qui pourrait être fait sans délibération et vérification libre [1]. »

Nous sommes au 10 mai [2]. Il est 6 heures du matin, et déjà la Cour, tout entière, est réunie dans la grand'chambre. Sur l'ordre du comte de Thiard, elle a été convoquée pour 7 heures. Il faut, avant l'arrivée du commandant en chef, prendre une résolution virile. Elle entend les troupes circuler dans les rues, arriver sur la place du Palais; des fenêtres de la salle où elle siège, elle voit des compagnies de grenadiers et de chasseurs se cantonner en face, au couvent des Cordeliers.

Plusieurs conseillers proposent de fermer les portes du Palais et d'en défendre l'entrée par la force; d'autres veulent décréter d'accusation quiconque « viendrait au nom du Roi profaner le temple de la Justice. » Mais à quoi bon résister! La soldatesque ne finira-t-elle pas par briser les portes? On décide de fermer celles de la grand'chambre seulement, et, en cas de violence, de garder un silence

(1) Reg. sec. 407.
(2) Lire le beau récit de M. Pocquet, *Origines de la Révolution en Bretagne*, t. I, p. 74 et suiv.

absolu. Ce fut là une mesure empreinte de sagesse.

Sept heures sonnent à l'horloge de l'hôtel de ville. La Cour est anxieuse; le moment redouté approche. Une rumeur se produit; stridents, des coups de sifflets éclatent. C'est le comte de Thiard, c'est Bertrand de Molleville, l'intendant détesté de Bretagne, qui paraissent sur la place, précédés de quelques laquais, escortés d'une quinzaine d'hommes armés.

Le commandant en chef entre au Palais, laisse son escorte sous les voûtes du rez-de-chaussée et monte à la salle des procureurs, accompagné de l'intendant et du capitaine des gardes, de Caud. Aussitôt les cris : vive le Parlement! Haro, Haro sur les exécuteurs de la justice! retentissent nourris dans la salle. Les officiers du Palais, des clercs de procureurs et d'avocats, des notables de la ville, des étudiants sont là qui huent, qui conspuent, qui enserrent les commissaires du Roi. Suivi de cette foule hostile et de ses deux acolytes, le comte de Thiard arrive à la porte de la grand'chambre. Aucun huissier pour l'introduire. « Il frappe, personne ne répond; il frappe encore,... même silence[1]. » Enfin, la porte s'entr'ouvre; dans l'entre-bâillement, Buret, le greffier en chef, avance la tête. « La Cour, dit-il, m'envoie,

(1) M. Barthélemy Pocquet, *Orig. de la Rév. en Bretagne.*

Monseigneur, vous demander vos lettres de créance. — J'ai ordre d'entrer, répond de Thiard, je présenterai moi-même mes lettres à la Cour! »

La porte se referme; le commandant la heurte avec impatience; la foule qui l'entoure ricane, plaisante; les lazzis se croisent.

Quelques minutes après réapparaît le greffier. Il sort, cette fois, de la salle, notifie aux commissaires royaux le refus formel du Parlement de leur « donner l'entrée », tant qu'il n'aura pas vérifié les pouvoirs dont ils se disent porteurs, et les somme, à nouveau, de lui remettre leurs lettres. Le comte de Thiard déclare qu'il ne se soumettra pas à cette exigence et qu'il va pénétrer dans la grand' chambre à la suite du greffier.

Alors Buret, qui joua dans toute cette journée un rôle dangereux et plein de courage civique, de s'esquiver, de faire le tour par le vestiaire actuel de la première chambre, et de rentrer dans la salle où siège la Cour par la petite porte du haut qu'il ferme prestement derrière lui. Le commandant et de Molleville, malgré leur marche précipitée, arrivent devant porte close. Un immense éclat de rire accueille leur déconvenue.

Irrité, de Thiard donne au capitaine qui l'accompagne l'ordre de faire occuper le Palais par les troupes et se réfugie, avec l'intendant, au parquet des gens du Roi, pour se soustraire aux clameurs d'une foule ameutée.

Cependant les grenadiers du Rohan-Montbazon ont gravi l'escalier, envahi la salle des procureurs, cantonné la foule, dégagé les couloirs. Le reste du régiment, rangé en bataille sur la place, fait face au Palais, qui bientôt sera cerné. Tout Rennes se groupe hostile derrière les soldats.

La Cour parlemente encore, malgré l'ordre écrit qu'elle vient de recevoir d'ouvrir sur-le-champ ses portes aux commissaires du Roi, sous peine de désobéissance. De plus en plus impatient, le commandant en chef déclare au greffier, assisté des huissiers, qu'il va employer la force, faire briser la porte. Pour éviter une pareille violence, la Cour cède enfin. Le Premier Président ordonne aux huissiers d'ouvrir grandes les portes.

De Thiard et de Molleville pénètrent dans la salle. Soixante et onze magistrats y siègent impassibles, vêtus de leurs robes de pourpre, quelques-unes fourrées d'hermine. Le premier président du Merdy de Catuélan, un digne vieillard, est au centre.

Le commandant s'avance le chapeau à la main. La Cour reste couverte. Le premier président s'adressant au comte de Thiard : « Je suis chargé

(1) *Précis historiques*, 1re partie, p. 65, et 2e partie, p. 45.

par la Compagnie de vous faire observer, Monsieur, que la présentation de vos lettres de créance était un préalable à remplir avant d'entrer en la Cour; et que l'entrée des troupes dans l'enceinte du Palais est contraire aux lois qui assurent aux magistrats la liberté de leurs opinions et de leurs assemblées.

— Cette séance est *un lit de justice*, répond le commandant, elle ne doit pas être assujettie aux formes ordinaires ; du reste, je ne fais que me conformer aux ordres de sa Majesté.

— Monsieur, les formes anciennes et accoutumées sont que les commissaires du Roi communiquent leurs ordres à la Cour avant d'entrer en icelle, pour qu'il en soit délibéré librement; des troupes investissent le Palais et sont entrées jusque dans son enceinte ; ces actes de violence ne lui permettent pas de délibérer : elle m'a chargé, par son arrêt du 9 mai, de vous enjoindre et elle vous enjoint de nouveau de vous retirer, déclarant qu'elle ne peut obtempérer à des ordres qu'elle ne connaît pas.

— Je suis obligé de mettre de la célérité dans l'exécution de mes ordres, et je ne puis permettre à la Cour de délibérer.

— Dans ce cas, réplique le Premier, la Compagnie ne pouvant délibérer librement, je déclare protester en son nom contre toute transcription illégale sur les registres et tout ce qui se fait en cette séance au préjudice des droits constitutionnels de la Province; et la Cour va se retirer[1]. »

Tous les conseillers se lèvent pour sortir. Aussitôt le comte de Thiard exhibe des lettres de cachet adressées, l'une au Premier Président et l'autre au conseiller-doyen du Parlement, défendant *de par le Roi* à la Compagnie entière de désemparer, sous peine de désobéissance au souverain, et une troisième enjoignant au greffier de présenter les registres et de dresser procès-verbal de l'enregistrement des édits.

L'ordre est formel; la Cour reprend séance.

Ayant exprimé ses regrets d'avoir à remplir la mission qui lui est confiée et après quelques paroles hypocrites susurrées, dans le même sens, par Bertrand de Molleville, le commandant en chef s'avance vers le bureau du Premier Président et y dépose la commission du Roi, qui le charge, avec l'intendant de la province, de faire enregistrer les édits qu'il apporte. Puis, il enjoint aux huissiers de faire entrer les gens du Roi (procureur général, avocats généraux et substituts), ordonne au greffier en chef de lire, à haute voix, la commission, et invite le procureur général de Caradeuc à conclure à son

(1) Procès-verbal du greffier en chef, signé par le Premier Président, et *Précis historique du Conseiller*.....

enregistrement. Celui-ci répond ne pouvoir conclure dans la circonstance, ce soin incombant, d'après l'usage, au porteur d'ordres.

En présence de ce refus, le commandant en chef prononce lui-même la formule : « le Roi a ordonné et ordonne que la dite commission soit enregistrée. »

Cinq fois le comte de Thiard procède de la même façon pour l'enregistrement des édits confiés à ses soins. Cinq fois il remet au Premier Président un pli clos et scellé que celui-ci se refuse à ouvrir, en se fondant sur les défenses de la Cour. Cinq fois le commandant dit au greffier : « le Roi vous ordonne d'ouvrir ce paquet et d'en donner lecture ; » cinq fois il somme le procureur général de requérir, et chaque fois le courageux magistrat prend des conclusions tendant à la communication préalable de l'édit « aux gens des trois États de la province » et à l'envoi « au seigneur Roi » de respectueuses remontrances contre ces lois nouvelles contraires aux droits, privilèges et prérogatives de la Bretagne. Tous les membres du Parquet s'associent, de vive voix d'abord, et par écrit ensuite, aux réquisitions de leur chef ; mais la Cour, elle, reste muette, pendant que son greffier, sommé au nom du Roi, transcrit, avec une lenteur calculée, l'édit sur son registre.

Buret veut, en effet, lasser la patience des commissaires royaux, en permanence au Palais depuis plus de quatre heures.

Le commandant, à l'instigation de Bertrand de Molleville, l'invite à n'écrire que l'intitulé et la dernière ligne de chaque édit, en laissant en blanc, sur le registre, espace suffisant pour copier le texte entier, après la séance. Le greffier répond « que toutes les ordonnances du royaume et l'ordre même du Roi qu'il vient de recevoir lui prescrivent d'enregistrer les édits, ce qui comporte leur transcription intégrale, et qu'il ne peut se départir de cette formalité indispensable[1]. » Puis il continue tranquillement sa copie, sans passer une ligne.

Le comte de Thiard en réfère au Premier Président et le prie de faire inscrire les édits par première et dernière ligne seulement. M. de Catuélan riposte que la Cour n'étant pas libre, elle ne peut délibérer; mais que, si le commandant consent à se retirer avec ses troupes, elle avisera. — J'ai reçu l'ordre, réplique le commandant, de ne quitter la salle qu'une fois ma mission accomplie.

Afin d'abréger la séance qui menace de se prolonger jusqu'à la nuit, de Molleville prend enfin sur lui de donner au greffier tenace, au nom du Roi qu'il représente à ce lit de justice, l'ordre écrit de

(1) B. Pocquet, *Les Origines de la Révolut. en Bretagne*, p. 94.

transcrire les édits dans la forme requise par le commandant militaire et de les revêtir ensuite de la formule exécutoire. Buret ayant soumis cet ordre à la Cour, sans recevoir d'elle aucune réponse, finit par s'y conformer.

Ces édits redoutés créaient à Rennes, Nantes et Quimper trois « Grands Bailliages » jugeant en dernier ressort toutes les affaires dont l'objet n'excédait pas 20 000 livres; portaient la compétence des présidiaux jusqu'à 4000 livres ; réduisaient le nombre des chambres et des conseillers au Parlement ; instituaient une Cour plénière, siégeant à Paris, qui devait procéder seule à l'enrégistrement, vérification et publication des édits et ordonnances d'intérêt général, les autres Cours n'étant appelées à enregistrer que les ordonnances ou lettres royales intéressant spécialement leur province ; suspendaient le Parlement de Bretagne et lui défendaient de s'assembler, pour aucune affaire, jusqu'à l'organisation des grands bailliages.

Enlever au Parlement breton la connaissance des affaires inférieures à 20 000 livres, c'était consommer sa ruine ; le mutiler dans son personnel, le priver de son droit de remontrance, de ses attributions politiques, c'était le réduire à un rôle sans importance désormais.

Le Premier Président prenant la parole, au moment où les commissaires du Roi déclaraient la séance levée, dit d'une voie émue : « la Cour renouvelle ses protestations contre la séance que vous venez de tenir ; elle me charge de vous témoigner sa douleur à la lecture des lois nouvelles qu'elle vient d'entendre et qu'elle ne peut reconnaître ; elle attend avec impatience le moment de porter ses respectueuses représentations auprès du trône, mais sa conduite prouvera toujours et son attachement aux lois et sa soumission aux ordres de sa Majesté [1]. »

A son tour, le procureur général demande au commandant et à l'intendant de vouloir bien solliciter le retrait de ces édits néfastes.

La séance ayant pris fin, les magistrats sortirent lentement de la salle, et défilèrent en corps, devant les sentinelles apostées à la porte et le front des compagnies rangées dans la salle des Procureurs. Seuls, le Premier Président, le Procureur général, le Greffier en chef et les Commissaires restèrent dans la grand'chambre pour la rédaction du procès-verbal sur les termes duquel on ne put s'entendre.

Il était 2 heures de l'après-midi. L'audience avait duré sept heures.

Quand le Premier Président parut sur le perron du Palais, des applaudissements enthousiastes l'ac-

(1) *Précis historique*, 1re partie, p. 88, et 2e partie, p. 62.

cueillirent. Il monta dans sa chaise à porteurs et une foule nombreuse le suivit à son hôtel aux cris de *Vive le Parlement ! Vive le Premier Président !*

Tout autre fut la conduite faite au commandant en chef et à l'intendant de Molleville. Bien qu'accompagnés d'une garde d'une quinzaine d'hommes, ils furent sifflés, invectivés, assaillis d'une grêle de pierres, de morceaux de bois, de débris de bouteilles, de projectiles de toutes sortes. Une bûche jetée d'une fenêtre sur l'intendant tombe sur le comte de Thiard. Une grosse pierre atteint de Molleville à la tête. Sans la présence d'esprit du lieutenant Blondel de Nouainville, arrivé à la tête d'un peloton de renfort, les Commissaires du roi n'eussent, probablement jamais, regagné saufs l'hôtel de la Bourdonnaye de Blossac où résidait le commandant [1].

SERMENT DES ÉTUDIANTS REÇU PAR LA COUR. — LE PALAIS TRANSFORMÉ EN CASERNE DEVIENT UN DÉPÔT DE POUDRE ET DE MUNITIONS DE GUERRE. — PROTESTATIONS DE LA COUR ET DE LA NOBLESSE DES ÉTATS.

De tous les points de la France, des coins les plus éloignés de la Bretagne, arrivèrent les protestations les plus virulentes contre le ministère,

(1) A l'entrée de la rue du Chapitre.

l'enregistrement forcé des édits et le coup d'état du 10 mai. Quatorze cents gentilshommes bretons signèrent la déclaration d'infamie rédigée le 9 mai par la Commission intermédiaire des États.

A Rennes, l'émotion était immense, les têtes surexcitées. Les étudiants, à l'instigation de leur prévôt Moreau, le futur général, prêtèrent, devant la Cour, assemblée chez l'un des présidents, le serment de « lier leur sort à celui des magistrats opprimés, et de renoncer à la profession à laquelle ils se destinaient si ces magistrats perdaient, autrement que par délibération nationale, le pouvoir dont ils étaient investis, et s'ils étaient remplacés par des juges que l'opinion publique eût désavoués. »

Malgré la défense qui leur avait été notifiée, les conseillers continuaient à se réunir, tantôt chez l'un, tantôt chez l'autre, le palais étant occupé militairement.

Ainsi, le 21 mai, ayant appris que, la nuit précédente, on avait introduit au Palais des poudres et des munitions de guerre, le Parlement députa au comte de Thiard quelques-uns de ses membres pour lui représenter les dangers qu'offrait ce dépôt pour l'édifice, ses greffes et ses archives.

Le 30, trois nouveaux régiments arrivèrent à Rennes et furent cantonnés, partie au Palais, partie dans les églises et les communautés de la ville.

Aussitôt la Cour demanda au commandant en chef une explication sur l'arrivée de ces troupes inutiles et insista pour obtenir leur retrait.

Le lendemain, elle reçut le procureur-syndic des États qui, accompagné de membres nombreux de la noblesse, exprima de son côté les appréhensions qu'inspirait à tous l'occupation du Palais par des troupes. Forts de cet appui, les magistrats envoyèrent aussitôt une nouvelle délégation au commandant en chef pour le sommer, cette fois, de faire évacuer le bâtiment. Sur son refus, la Cour condensa ses plaintes dans un arrêt solennel, protestation suprême du droit primé par la force, déclara nulle et illégale la transcription des édits sur ses registres et fit défense d'y obéir.

La journée du 2 juin 1788 à l'hôtel de Cuillé. — Les lettres de cachet. — Les membres du Parlement exilés dans leurs terres.

Ce nouvel acte de résistance décida le comte de Thiard à exécuter dans toute leur rigueur les ordres qu'il avait reçus du ministère et à user des lettres de cachet, en blanc, qui lui avaient été confiées.

Dans la nuit du 1er au 2 juin 1788, il fait cerner, rue des Dames, l'hôtel du premier président de Catuélan et remet à la maréchaussée, pour les notifier aux présidents et conseillers du Parlement, les lettres leur enjoignant de quitter Rennes.

La garnison entière a pris les armes ; des patrouilles nombreuses circulent dans les rues ; les magistrats, en éveil, s'échappent de leurs demeures et courent vers l'hôtel de Cuillé, chez le président Jacques Annibal de Farcy, rendez-vous assigné en cas d'alerte.

Bientôt, le colonel d'Hervilly barre avec son régiment les rues qui donnent accès à cette propriété, pendant que celui de Penthièvre stationne sur la place du Palais et celui de la Forêt devant l'Hôtel de Ville. Néanmoins, le Parlement presque au complet délibère, déclare surprise la signature royale apposée au bas des lettres déjà délivrées à quelques-uns de ses membres et charge trois de ses huissiers d'aller, sur l'heure, notifier au comte de Thiard un arrêt lui enjoignant de retirer immédiatement les troupes qui occupent le Palais, pour que la Cour « puisse vaquer librement à ses fonctions. »

Peu après, arrive M. de Melesse, grand prévôt de la maréchaussée, qui, les larmes aux yeux, demande son introduction près de la Cour, à laquelle il est chargé de remettre cinquante-huit lettres de cachet. Elle lui est refusée.

Pendant ce temps un tumulte effroyable, une épouvantable mêlée se produisaient devant l'hôtel de Cuillé. La foule exaspérée a rompu les lignes des soldats.

Elle hurle, profère des cris de mort contre le colonel. Les chevaux se cabrent; les gentilshommes dégainent; les fusils chargés s'abaissent, dirigés sur le peuple, et, de toutes parts, des milliers de voix clament : aux armes ! au tocsin ! écrasons ces troupes !

Par ordre de la Cour, le procureur général et ses substituts, en robes, descendent sur le placis, supplient la foule de se calmer et obtiennent qu'on décharge les fusils. Puis, suivis de la multitude qui les acclame, ils se rendent chez le commandant en chef pour provoquer de sa part l'évacuation du Palais et la rentrée des troupes stationnant dans les rues. Celui-ci répond qu'il ne transmettra cet ordre que « si Messieurs de la Cour consentent à se séparer. » Une seconde démarche du procureur général, une heure après, reste sans résultat. Ce magistrat rapporte à l'hôtel de Cuillé une note du comte de Thiard, plus pressante, plus impérative que la première.

Alors, la Cour use une dernière fois de l'arme unique dont elle dispose : l'arrêt de protestation, l'arrêt de flétrissure contre le ministère et les exécuteurs de ses hautes œuvres, décision qu'elle fit imprimer, envoya au Roi, et répandit dans le public, après sa publication dans les tribunaux de son ressort. « Considérant, y est-il écrit, qu'il n'est pas de voies que la Cour n'ait tentées pour déterminer le comte de Thiard à faire sortir les troupes du Palais, mais que, loin d'y consentir, il a annoncé qu'il allait user de la dernière violence pour la forcer à désemparer... tranquille sur le danger personnel de ses membres, mais effrayée de celui que courent les citoyens, proteste contre l'appareil militaire, et l'invasion scandaleuse des gens de guerre dans le lieu où la Cour a été forcée de s'assembler ; déclare, *au nom du Roi et de la Nation*, criminels de lèse-majesté et de lèse-nation les auteurs, fauteurs, exécuteurs et coopérateurs des projets qui tendent à anéantir les lois de la monarchie, à compromettre l'autorité du monarque, à ébranler les plus solides fondements du trône, etc.[1] »

Un brigadier de la maréchaussée se présente avec ordre de disperser par la force les magistrats. La Cour se décide, alors, à lever la séance « pour ne pas devenir la cause des troubles graves qu'elle prévoit dans la rue. » Elle en renvoie la continuation au vendredi 6 juin pour la lecture du procès-verbal.

A 4 heures, les troupes se retirent et regagnent leurs cantonnements.

Après avoir reçu les Commissions intermédiaires des États et l'ordre de la noblesse, le Parlement descendit en corps, de l'hôtel de Cuillé, suivi des députés des États, et reconduisit à leur demeure, au milieu des vivats et des applaudissements de la

(1) Reg. secr. 407, 2 juin 1788.

foule, le Premier Président, qui, dans l'après-midi, avait pu rejoindre la Compagnie, le conseiller-doyen, le procureur général, le doyen de la noblesse et le procureur-syndic des États de Bretagne.

Le soir, les exempts notifièrent aux magistrats les lettres de cachet enjoignant à ceux-ci de quitter Rennes.

Dans cette journée, le Parlement défendit dignement sa liberté et la cause qu'il soutenait depuis tant d'années : l'intangibilité de la constitution bretonne et le respect des droits et privilèges de la Province.

RAPPEL DES PARLEMENTS. — LES TROUPES QUITTENT LE PALAIS. — LA COUR EN REPREND POSSESSION. — *Te Deum* ; RÉJOUISSANCES ; ÉLARGISSEMENT DE PRISONNIERS.

De Rennes, l'insurrection gagna toutes les vieilles cités armoricaines. Présidiaux, barreaux, municipalités, chapitres, corps constitués s'agitaient, repoussaient les édits, protestaient à l'envi. Ni en Bretagne, ni dans les autres provinces du royaume, le ministère ne parvint à constituer les grands bailliages. Magistrats et jurisconsultes, aptes à les composer, refusaient d'en faire partie. Devant cette opposition formidable, le Roi comprit la faute qu'il avait commise. Il accepta la démission de ses ministres de Brienne et Lamoignon, rappela Necker, qui provoqua aussitôt l'abrogation des édits du 1er mai, et, par une déclaration du 23 septembre, rétablit tous les Parlements du royaume.

Le 8 octobre 1788, les postes installés la veille au Palais de Justice se retirèrent, sans être remplacés. Instruits de ce fait, les membres du Parlement, présents à Rennes, reprirent immédiatement possession de l'édifice, reçurent le jour même, dans la grand' chambre, les félicitations de tous les corps constitués, et signalèrent leur rentrée par un don de 3000 livres aux pauvres des paroisses, de 600 livres aux hôpitaux et de pareille somme aux prisonniers et aux pauvres secourus par les Sœurs grises[1].

Invitée par la Communauté de ville à un *Te Deum* d'actions de grâces, la Cour y assista en corps, le dimanche 12 octobre, dans l'église des Jacobins. En rentrant au Palais, elle s'arrêta devant les cachots de la conciergerie, situés au rez-de-chaussée du monument, dans la partie occupée actuellement par le tribunal civil et les logements de la galerie nord, et libéra, sur-le-champ, trois détenus pour dettes, en promettant de rembourser leurs créanciers. Puis, elle se rendit à la place Royale, où son Premier Président alluma un immense feu de joie, préparé par la municipalité « pour manifester la joie qu'avaient tous les citoyens de son heureux retour. »

(1) Reg. secr. 407.

Ce fut pour le Parlement sa dernière rentrée triomphale, sa dernière journée de popularité. L'année suivante, il consomma sa perte en soutenant, d'abord, le clergé et la noblesse contre les revendications du tiers-état; en résistant, ensuite, aux réformes de l'assemblée constituante. Il n'avait plus pour adversaires un faible monarque, un ministère discrédité; sa vanité aveugle et son autorité d'antan se heurtèrent à une force irrésistible: le peuple guidé par la fraction pensante et instruite de la nation. Au lieu de suivre l'évolution des idées, d'adopter la partie saine des doctrines nouvelles, il se confina, avec obstination, dans les errements du passé. Sa chute, dès lors, devint inévitable. Contre certains courants d'opinions, toute résistance est impuissante et le plus souvent inepte. Il faut marcher avec son temps, et savoir, au besoin, sacrifier à l'intérêt général prérogatives et privilèges.

En 1789. — Envahissement du Palais par les laquais et gens de service, soudoyés par la noblesse bretonne. — Rixes sanglantes sur la place et dans les rues avoisinantes. —. Décret de l'Assemblée constituante ordonnant a tous les Parlements de rester en vacances. — Résistance de la chambre des vacations de la Cour de Rennes.

Les États de Bretagne se réunirent à Rennes le 28 décembre 1788. Dès l'ouverture de la session, des dissentiments profonds éclatèrent entre les deux ordres privilégiés et l'ordre du Tiers. L'opinion publique prit part à la querelle. Chaque jour paraissaient publications et brochures, la plupart hostiles à la noblesse et au clergé; chaque soir, les étudiants en droit et en médecine, la bourgeoisie rennaise, les députés du tiers organisaient des réunions, qui dans la salle des écoles[1], qui au café de l'Union[2] ou dans « les chambres de lecture », qui à l'Hôtel de Ville et dans les sacristies, où l'on revendiquait ardemment l'abolition des privilèges et la répartition égale des impôts entre tous les citoyens, sans distinction de castes.

En vain le Parlement, foncièrement favorable à la noblesse à laquelle appartenait la majeure partie de ses membres, ordonnait la destruction des écrits par le feu et prohibait les réunions[3]. Volney, dans son journal *la Sentinelle du peuple*, ripostait en qualifiant les magistrats de « rôtisseurs de l'esprit public » ; et les Rennais de rire, et les pamphlets et les placards d'éclore plus nombreux, plus satiriques, plus mordants que jamais.

Dans un but de réaction, les gentilshommes des États provoquèrent une manifestation popu-

(1) Ancienne église des Jésuites, près Toussaints.
(2) A l'angle sud-ouest de la place du Palais.
(3) Reg. secr. 408, 7 et 8 janvier 1789.

laire[1]. Ils soudoyèrent des meneurs, convoquèrent par billets le peuple au champ de Montmorin[2], pour le 26 janvier 1789, et y envoyèrent leurs laquais, porteurs de chaises, valets et fournisseurs. L'un de leurs agents secrets, Dominique Hélaudais, harangua les cinq cents personnes assemblées, et, sous prétexte de solliciter du Parlement la diminution du prix du pain, mais, en réalité, pour lui remettre une protestation contre les revendications du tiers-état, demander le maintien de la Constitution bretonne et soutenir la résistance de la noblesse, il proposa une marche en masse vers le Palais de Justice.

Bien que favorable à la manifestation, mais craignant des désordres, la Cour, avertie du rassemblement, nomma six conseillers auxquels elle donna mission de se rendre sur les lieux, de calmer les esprits et de dissoudre l'attroupement.

A peine les commissaires sont-ils sortis de la chambre des délibérations qu'ils se trouvent, dans la salle des Pas-Perdus, en face d'une foule qui, déjà, inonde l'intérieur du Palais. Ils exhortent au calme les manifestants, reçoivent leurs placets, leur

(1) Nombreuses relations contemporaines; lettre du comte de Thiard au Ministre, arch. nation. H. 419. DUCREST DE VILLENEUVE. *Hist. de Rennes*; POCQUET, *Origines de la Révolution en Bretagne*, t. II; HAMEL, *Discours de rentrée de la Cour, 1875*; DENIER, *Discours de rentrée, 1889*.

(2) Aujourd'hui le Champ de Mars.

font observer que le Parlement a interdit les attroupements sous des peines sévères et obtiennent enfin leur départ.

Ce mouvement populaire avait attiré des spectateurs sur la place du Palais et, notamment, une trentaine de jeunes gens à la porte du café de l'Union. Les manifestants provoquèrent ce groupe sans défiance, et, des injures passant aux coups, ils saisirent des triques et des bûches dans un monceau de bois de chauffage, récemment déchargé sur la voie publique, tombèrent sur ces malheureux et allaient les assommer, quand la maréchaussée et aussi les commissaires du Parlement, qui avaient aperçu la bagarre des fenêtres du Palais, vinrent à leur secours.

Mais la lutte recommença bientôt et devint sanglante. De part et d'autre on s'était procuré des couteaux, des pistolets, des cannes à épée ; on se poursuivait de rue en rue, et, de tous côtés, arrivaient des jeunes gens armés, prenant fait et cause pour leurs camarades ou leurs amis. Cependant, après une heure de combat, grâce aux efforts du commandant militaire, des magistrats, de la maréchaussée et de la milice bourgeoise, l'ordre fut rétabli.

Dans la soirée, les étudiants en droit s'assemblèrent dans la salle de l'école pour commenter les événements du jour et prendre les mesures de sûreté que leur imposaient les circonstances. Ils y restèrent en permanence toute la nuit, sous la présidence de leur prévôt. Des membres du tiers se joignirent à eux et leurs orateurs accusèrent la noblesse d'avoir ameuté ses valets contre la jeunesse bourgeoise. Sous l'influence de discours enflammés, tels qu'on en prononçait à l'époque, vite les têtes se montent. On décide de s'armer, malgré les défenses du Parlement ; de repousser la violence par la violence ; de faire appel au concours des jeunes gens de Nantes, de Saint-Malo, d'Angers, de Caen ; de s'apprêter à une lutte acharnée, et de l'entreprendre dès le lendemain, si des poursuites ne sont pas immédiatement entamées contre les auteurs de l'agression de la veille.

Le 27 janvier, dans l'après-midi, les étudiants apprennent que le Parlement, usant de son droit de haute police, a enlevé au Présidial l'instruction de l'affaire et qu'il se réunira au Palais à 4 heures. Ils soupçonnent les magistrats de la Cour, dont les fils, les frères et les domestiques ont pris part à l'échauffourée, de tenter par cette évocation à leur barre le sauvetage des principaux coupables. Immédiatement ils se rendent sur la place du Palais ; des groupes se forment et pérorent avec exaltation. Sur ces entrefaites, un apprenti teinturier, la main ensanglantée, arrive au milieu de cette jeunesse ardente. Il raconte qu'une bande de laquais vient de l'attaquer parce que, le matin, on l'a vu entrer à l'école de droit et, qu'en sortant, il s'est rendu au siège de police faire une déposition sur les événements de la veille. L'un de ces gens de service lui a porté un coup de couteau. Aussitôt les jeunes gens crient vengeance, courent chez le comte de Thiard pour lui demander justice et protection et reviennent en masse vers le Palais et le couvent des Cordeliers, lieu de réunion des États. Quelques gentilshommes stationnent à la porte du cloître, entendent accuser la noblesse, s'avancent, déclarent mensongères les imputations dirigées contre elle. La discussion s'envenime ; on se menace réciproquement. Les jeunes nobles, malgré la présence de cavaliers de la maréchaussée qui gardent l'entrée de la salle des États, s'élancent des pistolets au poing et font feu sur les étudiants[1]. Une lutte, encore plus sanglante que celle de la veille, se renouvelle sur la place du Palais qui devient un véritable champ de bataille. Deux jeunes gens de la noblesse sont tués ; plusieurs étudiants sont blessés.

Le Parlement venait d'ouvrir son audience de relevée. Il entend les détonations, voit, au clair,

(1) Pocquet, *Origines de la Révolution en Bretagne*, p. 254, t. II.

épées et armes blanches, et, jugeant grave la situation, décide une descente dans la rue « en corps de Cour [1]. »

Les magistrats, en robes, arrivent sur la place et se joignent au comte de Thiard, déjà avec sa garde sur les lieux du combat. Ils sont hués ; on va même jusqu'à leur adresser des menaces. Par ses fautes accumulées depuis un mois, la Cour souveraine a non seulement perdu tout prestige, mais est tombée dans le discrédit le plus profond [2]. Sa présence est loin de produire l'effet qu'elle attendait ; ses exhortations demeurent vaines ; la lutte continue acharnée. Les nobles, pour se défendre, ont pillé la boutique d'un armurier ; les Rennais, les magasins d'armes de la milice. Ceux-ci s'unissent nombreux aux étudiants, prennent part à la mêlée et contraignent les gentilshommes à se replier et à se barricader dans le monastère avec leurs partisans. La foule assiège l'édifice et parle d'y mettre le feu.

Tout à coup, le tocsin résonne lugubre au beffroi de l'Hôtel de Ville ; des jeunes gens appellent à la rescousse les ouvriers encore au travail. Le comte de Thiard voit le danger. Il dépêche dare-dare deux cavaliers et deux gardes pour interdire la sonnerie

(1) Reg. secr. 408, 27 janvier 1789.

(2) Pocquet, *Origines de la Révol. en Bret.*, t. II, p. 263 et ses références.

d'alarme, parcourt les groupes ameutés devant la communauté, parle avec douceur et bonté et supplie les assiégeants de se disperser. Grâce à sa courtoisie et au tact parfait qu'il avait, depuis plusieurs mois, montrés en maintes circonstances difficiles, un revirement en sa faveur s'était opéré dans les esprits. Ses appels pressants à la raison et au calme décidèrent les étudiants à renoncer à d'horribles représailles. Après de longs pourparlers, un accommodement intervint et les gentilshommes purent sortir de la salle des États l'épée au fourreau, mais sans autres armes.

Cette même année, peu de jours avant la rentrée du 3 novembre 1789, parut un décret de l'Assemblée constituante ordonnant à tous les Parlements de France de rester en vacances et aux Chambres des vacations de continuer à pourvoir au service judiciaire.

A Rennes, la Chambre des vacations refusa de procéder à l'enregistrement de cette décision du pouvoir central, alléguant que la Cour avait, seule, qualité pour remplir, en réunion plénière, une telle formalité.

Mandés à la barre de l'Assemblée nationale, les magistrats persistèrent dans leur refus par l'organe du président de la Houssaye[1] et, sur la proposition

(1) De Carné, *Hist. des États de Bretagne.*

de Mirabeau, furent « déclarés inhabiles à remplir aucune fonction publique jusqu'à ce qu'ils eussent reconnu leur faute et juré obéissance à la Constitution[1]. »

Cet acte de résistance suprême fut le dernier spasme du Parlement de Bretagne, le chant du cygne d'une compagnie illustre qui, si elle eut ses heures d'égarements et de défaillances, eut incontestablement, aussi, ses jours de grandeur et laissera sa renommée burinée à jamais aux fastes du pays.

Fin du Parlement. — Son remplacement par une Cour supérieure provisoire, puis par le tribunal de district.

Le 3 février 1790, un décret spécial remplaça l'antique Parlement breton par une juridiction nouvelle, dénommée « Cour supérieure provisoire ». Elle fut installée au Palais de Justice, le 18 février suivant, sous la présidence de M. de Talhouët de Boisorhand, ancien président du Parlement, qui, durant les troubles de l'année précédente, avait approuvé les réformes repoussées par ses collègues. Dix-huit conseillers, choisis dans le barreau rennais et parmi les membres de divers sièges présidiaux de la province, siégèrent avec lui[2].

(1) *Moniteur Universel*, séance du 9 janv. 1790, p. 58.
(2) Reg. secr. 317, liasse B 805-810, séance 18 fév. 1790.

La compagnie d'artillerie de la garde nationale célébra l'instauration de ces magistrats par une salve tirée devant le monument.

Cette Cour provisoire tint séances jusqu'au 15 octobre 1790 et fit place au tribunal de district, créé par la loi des 16-24 août et composé de cinq juges élus et de quatre suppléants, magistrats à la fois de première instance et d'appel, les tribunaux de district étant constitués « juges d'appel les uns à l'égard des autres »[1].

Au tribunal de district vint s'adjoindre, en 1791, le tribunal criminel du département, qui siégea également au Palais[2].

Période révolutionnaire. — Sac du Palais. — La salle des Pas-Perdus devient un lieu de réunions publiques. — Installation solennelle du tribunal de district. — Le Directoire du département établi au Palais déclare le monument propriété de l'État. — Des fonctionnaires de l'ordre administratif s'y logent et s'y perpétuent.

Dès que le Parlement, contraint et forcé, eut abandonné son superbe Palais, le peuple s'en rendit maître et, pendant quelques jours, s'y livra à une sauvage et monstrueuse dévastation. Il le mit au

(1) Loi 24 août 1790.
(2) Arch. du Palais, liasses trib. criminel 1791.

pillage. La splendide porte de chêne qui défendait l'entrée du monument fut brisée ; les belles tapisseries flamandes, tendues aux parois des salles, furent lacérées, brûlées ou volées [1] ; les lambris et leurs fines peintures furent souillés, maculés ; tous les panneaux revêtus d'écussons ou d'emblèmes de la monarchie mutilés, balafrés, grattés au couteau. On s'attaqua même à la façade ; les fleurs de lis qui ornaient les métopes de la frise furent brisées [2]. La municipalité, elle-même, commit un acte de vandalisme. Elle ordonna le bris d'un bas-relief ancien, situé dans la chambre des requêtes « comme contraire à la Constitution », et justifia les déprédations de la populace en disant qu'elles devançaient de cinq jours seulement l'exécution du décret de juin 1790 contre les armoiries [3].

La salle des Procureurs (salle des Pas-Perdus) devint un lieu public. On y attendait, chaque jour, l'arrivée du courrier de Paris ; les clubistes y tenaient leurs assises, commentaient les nouvelles, péroraient devant le peuple assemblé [4].

(1) Jusqu'à 1860 on en voyait encore quelques-unes à Rennes. Les détenteurs les exhibaient sur le parcours des processions de la Fête-Dieu.

(2) Arch. départ. liasse Palais 7U5, années 1839-1841.

(3) Reg. de corresp. de 1790 arch. munic., MARTEVILLE, *Diction. de Bretagne*, p. 635 note.

(4) Cours de M. Le Théo à la Faculté des Lettres.

Pour soustraire l'édifice à une dévastation complète, le Directoire du département d'Ille-et-Vilaine y organisa ses différents services et bureaux, en octobre 1790, et, de son côté, la municipalité décida d'y installer promptement et avec pompe le tribunal de district. Elle procéda le 15 octobre à cette cérémonie. Les membres du Conseil général de la commune de Rennes, escortés de la garde nationale, se rendirent, en corps, de l'Hôtel de Ville au Palais de Justice, au son des cloches et des détonations de l'artillerie. Entrés dans la grand'chambre, ils occupèrent, sur l'estrade, les places des anciens membres du Parlement. Les nouveaux juges élus : Robinet, président, Bouaissier, Varin, Tréhu et Le Baron, puis Aumont, commissaire du Roi, furent introduits dans l'enceinte, et, après discours échangés, les magistrats du siège prêtèrent à la nation et au Roi le serment « de maintenir de tout leur pouvoir la constitution du Royaume, décrétée par l'Assemblée nationale et acceptée par le Roi ; d'être fidèles à la nation, à la loi et au Roi, et de remplir avec exactitude et impartialité les fonctions de leurs offices. »

Ce serment reçu, les représentants de la commune descendirent dans l'enceinte, cédèrent aux juges les sièges de l'estrade, les déclarèrent installés dans leurs fonctions, et, au nom du peuple, prirent pour lui l'engagement « de porter au tribunal et à ses jugements le respect et l'obéissance que tout citoyen doit à la loi et à ses organes. » Les juges, à leur tour, reçurent le serment de l'officier du ministère public, attaché à leur tribunal avec le titre de commissaire du Roi (1).

Au lendemain de la cérémonie, la municipalité, croyant le Palais propriété de la Ville de Rennes, prit à son sujet différentes mesures de police. Aussitôt les administrateurs du département, installés, nous l'avons dit, dans l'aile occidentale du premier étage, lui contestèrent ce droit. En vain établit-elle que, durant un siècle, la Ville, par ses octrois, avait fourni plus de deux millions pour la construction et la décoration du monument; l'administration départementale ne voulut rien entendre et déclara l'édifice propriété de l'État (2).

Dès lors, plusieurs fonctionnaires s'y logèrent, entre autres le secrétaire général du Directoire, qui, notamment, établit son bureau dans le local actuel de la bibliothèque de la Cour.

En 1807, le secrétaire général de la préfecture continuait d'occuper, avec sa famille, toute la partie nord du premier étage, « bien que la loi ne lui accordât pas de logement ». Il s'y maintenait malgré

(1) Formalités prescrites par la loi du 24 août 1790, titre 7.
(2) MARTEVILLE, *Dictionn. de Bretagne* et archiv. départ.

les doléances de la Cour d'appel, les instances du Préfet et les mises en demeure du ministère, sous prétexte qu'il ne trouvait en ville aucun logement à sa convenance[1].

ENLÈVEMENT DES DIX STATUETTES ET DE LA CRÊTE EN PLOMB COURONNANT LE FAITE DU PALAIS. — CARRIER PLANTE SUR LA PLACE, EN FACE DU PALAIS, UN ARBRE DE LA LIBERTÉ. — LE TRIBUNAL RÉVOLUTIONNAIRE. — LE DÉLÉGUÉ DE LA CONVENTION SIÈGE DANS LA GRANDE SALLE. — L'ÉVÊQUE LE COZ EST AMENÉ DEVANT LUI. — LA COMMISSION RÉVOLUTIONNAIRE MILITAIRE. — L'ÉCHAFAUD EN PERMANENCE.

Si, après l'exécution de Louis XVI, la statue équestre de son ancêtre, dressée au centre de la place du Palais, fut renversée par ordre de la municipalité, brisée et transportée, en morceaux, aux forges de Paimpont pour être transformée en canons, de même, pour en retirer 1575 francs, des vandales firent enlever, « comme ne servant à rien et pouvant tuer quelqu'un par leur chute[2] », les dix curieuses statuettes en plomb qui ornaient, à chaque angle, le sommet des pavillons du Palais, rasèrent la bordure

(1) Lettre du Ministre de l'Intér. au préfet du 21 août 1806, archiv. départ., liasse 7U1, et reg. des délib. inter. de la Cour de Rennes, 9 mai 1807.

(2) Archiv. départ., 14 N.

élégante et si riche du faîtage, et, par cette mutilation déplorable, enlevèrent au monument une partie de sa beauté et de son cachet primitifs[1]. Heureusement, en 1893, M. l'architecte Laloy, soucieux, en véritable artiste qu'il est, de restituer à l'édifice son aspect d'autrefois, obtint du gouvernement l'autorisation de rétablir la crête de lis et d'hermines et les quatre statuettes qui couronnent aujourd'hui et allègent la massive toiture.

Le 8 septembre 1793, huit jours après son arrivée à Rennes où la Convention l'avait envoyé en mission, le sanguinaire Carrier, l'écharpe tricolore en bandoulière, planta devant le Palais un arbre de la Liberté sur l'emplacement antérieurement occupé par la statue de Louis XIV. Les citoyennes et les membres de la société populaire qui l'accompagnaient brûlèrent sur la place les attributs de la monarchie, le portrait de Louis XVI et le drapeau de la force départementale fédérée, aux accords de la musique de la garde nationale. Des salves d'artillerie retentirent et des danses se formèrent autour de l'arbre symbolique[2].

Installés au grand balcon du Palais de Justice, les membres du tribunal révolutionnaire, institué

(1) J. B. Lesbaupin, supplém. *Journal de Rennes*, 9 avril 1869 et archiv. départ.

(2) Ducrest de Villeneuve, *Histoire de Rennes*.

pour juger les conspirateurs par le décret du 11 mars précédent, assistèrent à cette solennité.

Bientôt le délégué de la Montagne devint le pourvoyeur de la juridiction criminelle ; il dressa des listes de suspects et remplit les prisons. Un jour même, il lui prit fantaisie de présider le tribunal révolutionnaire et de juger l'évêque constitutionnel Le Coz, accusé d'avoir arraché à ses juges un jeune prêtre insermenté.

Ayant convoqué une assemblée générale des autorités civiles et militaires, entouré des clubistes et de gardes armés de la pique citoyenne, coiffé du bonnet phrygien, il prit place au siège présidentiel dans la grande salle du Palais, dont les murs dénudés, depuis le pillage des somptueuses tapisseries, avaient été tendus, pour la circonstance, de draperies aux trois couleurs. Il ouvrit l'audience par un discours emphatique, dans le goût de l'époque. Puis l'évêque, conduit par un groupe d'hommes en armes, fut amené devant lui. Carrier l'apostropha en lui demandant pour quel motif il n'avait pas suivi l'exemple de son confrère Collet, dont le mariage avait fait l'édification de tous les patriotes, et il ajouta : « il faut que tu me fasses la remise de tes lettres d'ordre ; toutes ces jongleries doivent finir et tu aurais dû te convaincre que la conquête de la philosophie sur les préjugés est désormais assurée. »

La tête haute et d'une voix ferme et digne, Le Coz répondit par ces vers bien connus de Voltaire :

Abandonner un Dieu que l'on craint dans son cœur,
C'est le crime d'un lâche et non point une erreur,
C'est trahir à la fois sous un masque hypocrite,
Et le Dieu que l'on prend et le Dieu que l'on quitte.

Puis, s'avançant vers le représentant du peuple : « Regardez-moi bien, citoyen, dit-il, et voyez si je suis capable d'une telle lâcheté ! » — « C'est bien, répliqua le conventionnel, mais tu te marieras ou tu seras guillotiné ! » Néanmoins, il ne subit qu'une détention de quatorze mois, tant à Rennes qu'au Mont-Saint-Michel (1).

Avant de quitter Rennes, Carrier créa par un simple arrêté, le 1er frimaire an II (21 novembre 1793), deux commissions, dites militaires révolutionnaires de l'armée des côtes de Brest, pour « connaître des faits attentatoires à la liberté » et juger sommairement les chouans « sur la déposition de deux témoins ou le procès-verbal d'une autorité constituée (2) ». L'une de ces commissions tint ses audiences au Palais de Justice, comme le tribunal criminel et concurremment avec lui. Elle comprenait

(1) Duchatellier, *Hist. de la Révol. en Bret.*, t. III, p. 101-103 et *Journal de Rennes.*

(2) Marteville, *Dictionn. de Bret.*, V° Rennes et archiv. mun.

un président, trois juges, un accusateur public et un greffier, recevant chacun treize livres par jour. En séance, comme insignes de leurs fonctions, ils étaient coiffés d'un bonnet de laine rouge et portaient sur la poitrine une médaille en sautoir.

Pour l'exécution des terribles arrêts de ces deux juridictions, l'échafaud, qui, pour la première fois avait été dressé à Rennes, le 29 octobre 1792, après la condamnation des conspirateurs de la Communais, resta en permanence, à partir du 20 floréal an II (mai 1793), au bas de la place du Palais, à l'entrée de la rue Bourbon [1].

Fête civique organisée par les membres de la Section Marat. — Formation du cortège au Palais.

Dans la matinée du 20 germinal an II (avril 1794), une grande animation régnait « au temple de la Loi. » Autour d'un buste en plâtre, à tête énorme ceinte d'une couronne de chêne, placé dans la grand' chambre sur un brancard drapé, se groupent déjà les représentants du peuple, les généraux et leurs aides de camp, les corps administratifs et judiciaires, ainsi que les commissaires de différentes sections. D'instant en instant arrivent de nouveaux invités. Sur la

(1) Reg. des délibérations du corps municipal, an II.

place, devant le monument, la garde nationale et la garnison entière attendent sous les armes le signal du départ. Pourquoi cet appareil militaire, pourquoi ces autorités assemblées ? Il s'agit de célébrer la mémoire de l'ami du peuple, de glorifier dans une cérémonie civique l'apôtre des droits de l'homme, l'ardent démagogue Marat, tombé, l'année précédente, sous le couteau fanatique de Charlotte Corday.

Un peu avant 10 heures, apparaît sur le perron le buste de « l'évangéliste de la liberté » porté et entouré par les membres de la Section Marat, organisateurs de la fête. A droite du brancard se tient le porte-oriflamme de la Section, à gauche le sans-culotte Pellat, son président, coiffé du bonnet rouge cocardé d'une miniature représentant les traits du héros du jour. Le groupe s'arrête, les tambours battent aux champs, les clairons sonnent les honneurs, les troupes présentent les armes. Puis le cortège se met en marche, précédé d'un peloton de cavalerie avec ses trompettes, de la batterie et de la musique de la garde nationale, jouant tour à tour des morceaux patriotiques ou funèbres, et suivi des troupes de la garnison. Arrivés au temple de la Raison (église Saint-Sauveur), les porteurs déposèrent le buste de Marat sur l'autel, et le représentant du peuple Dubois-Crancé fit l'apologie « du martyr de la Révolution » aux cris répétés de : Vive la République ! Vive la Montagne ! Vive la mémoire de Marat, l'ami du peuple !

Leperdit reçoit au Palais de Justice le serment des nouveaux administrateurs du département et des juges des tribunaux criminel et de district.

Dans l'après-midi du 6 germinal an III (26 mars 1795), Leperdit, l'austère et courageux Maire de Rennes dont la statue se dresse aujourd'hui sur la place du Champ-Jacquet, proclamé, le matin même, par le représentant Boursault premier membre du Conseil de la Commune, se transporta au Palais de Justice, entouré du corps municipal, et, conformément aux décrets de la Convention, y reçut des nouveaux administrateurs du département et des juges des tribunaux criminel et de district le serment « de maintenir la liberté, l'unité, l'indivisibilité de la République et de se comporter fidèlement dans les fonctions leur confiées[1]. »

Le Conseil de guerre, le Conseil de révision et la Préfecture occupent le Palais concurremment avec le tribunal d'appel et le tribunal criminel, dénommés Cour d'appel en 1804.

En l'an VII (1799), le Palais servait de siège non seulement aux services judiciaires et administratifs

(1) Reg. du Corps municipal, 3 germinal an III.

de la région, mais aussi aux séances du Conseil de guerre et à celles du Conseil de révision. Toute l'aile occidentale était occupée par l'administration centrale du département. La juridiction militaire siégeait, pour ainsi dire chaque semaine, dans la salle de justice criminelle[1] et le Conseil de révision y procédait à ses opérations périodiques. Cet état de choses, plus que gênant, se perpétua jusqu'au milieu de l'année 1806. A ce moment, las d'une promiscuité devenue intolérable, les présidents du service criminel firent fermer les portes de leur salle et en interdirent l'entrée aux membres du Conseil de guerre. Le général de division Delaborde protesta et en référa au préfet[2]. Mais le grand juge, ministre de la justice, intervint, à son tour, et, par lettre du 12 juin 1806, déclara « impossible que deux tribunaux siégeàssent concurremment dans un même local à peine suffisant pour l'un d'eux[3]. »

C'était dans cette salle, en effet, que se jugeaient ces crimes affreux de la chouannerie commis par des bandes entières, crimes qui nécessitaient l'audition d'innombrables témoins et dont les débats duraient, parfois, plusieurs semaines[4].

(1) Grand'chambre.
(2) Lettre du 26 mai 1806, arch. départ., liasse 71.
(3) Arch. départ., liasse 7U1.
(4) Archiv. du Palais, reg. XIII du trib. crim. et dossiers crim.

Au commissaire du Directoire exécutif et aux cinq administrateurs du département la loi du 28 pluviôse an VIII (17 février 1800) substitua un Préfet, un Conseil de préfecture, et un Conseil général. M. Borie, ancien sénéchal de Rennes et ancien président du Tiers aux États de Bretagne, nommé Préfet d'Ille-et-Vilaine, maintint au Palais de Justice les bureaux du nouveau rouage administratif. Il affecta la chambre correctionnelle actuelle au Conseil de préfecture, se fit installer un cabinet et une salle d'audience, assigna la partie nord du premier étage au secrétaire général, si bien que le tribunal d'appel et le tribunal criminel, créés le 27 ventôse an VIII (18 mars 1800), ne trouvèrent plus locaux suffisants et qu'il fallut transformer la chapelle pour la tenue des audiences de la 3e section et organiser, tant bien que mal, les bureaux du commissaire du gouvernement dans les pièces servant autrefois de parquet aux huissiers du Parlement et de buvette à la grand'chambre[1].

Le sénatus-consulte du 18 mai 1804 donna à ces tribunaux le nom de Cour d'appel, qu'il porte encore aujourd'hui.

(1) Archiv. départ. liasse, 7U1, an VIII et an XI.

L'École de droit au Palais.

A peine débarrassée de la préfecture, la Cour vit une nuée d'ouvriers envahir la chambre des Tournelles (1) et ses dépendances et les transformer en amphithéâtre et en salles destinées à l'école de droit. Le 19 mai 1806, les professeurs de cette école, au nombre desquels figuraient deux jurisconsultes éminents : Toullier et Carré, prirent solennellement possession du local qui leur était affecté au Palais. Le discours d'installation, écrit en latin, fut prononcé par M. Loysel, qui, suivant l'usage de l'époque, professait le droit romain dans cette langue. Jusqu'à l'inauguration du Palais universitaire, c'est-à-dire pendant près de cinquante ans, étudiants, magistrats, avoués, avocats, hommes d'affaires se croisèrent chaque jour dans la salle des Pas-Perdus.

Installation des Magistrats de la Cour Impériale. — Serment de la Cour royale.

En avril 1810, Napoléon Ier décréta que les Cours d'appel de l'empire prendraient le titre de Cours impériales et seraient réorganisées. L'année suivante, il confia au sénateur Cornudet, comte de

(1) Salle actuelle des Assises.

l'Empire, titulaire de la sénatorerie de Rennes, le soin de procéder, dans cette ville, à l'installation des magistrats nouvellement investis.

A titre documentaire, relatons, d'après le procès-verbal, les principales phases de cette cérémonie.

Le mercredi 1er mai 1811, les membres de la Cour impériale, revêtus de la robe rouge, se rendirent à la chapelle du Palais. Une députation composée de deux présidents de chambre, huit conseillers et deux avocats généraux, alla recevoir le délégué de l'empereur au pied du grand escalier et le conduisit à la chapelle, au siège qui lui était destiné, près du Premier Président, le baron Desbois. Après avoir entendu une messe du Saint-Esprit solennellement célébrée par l'évêque de Rennes, le comte de l'empire, suivi de toute la compagnie judiciaire, se dirigea vers la grand'chambre et prit place au banc des présidents, alors situé à l'angle N.-O. de la salle. Les conseillers se groupèrent sur deux colonnes à droite et à gauche. Le procureur général, les avocats généraux, les substituts et les greffiers occupèrent leurs sièges habituels. En présence des autorités civiles et militaires assises au centre de la salle, le comte Cornudet, après avoir fait donner lecture par le greffier en chef, du décret de nomination des membres appelés à composer la Cour de Rennes, prononça un discours ampoulé, glorifiant l'empereur et « l'enfant illustre, premier gage que donnait la nature de la nombreuse postérité du grand Napoléon », reçut le serment de chaque magistrat et déclara, « au nom de Sa Majesté l'empereur et roi », légalement constituée la Cour impériale séant « en sa bonne ville de Rennes. » A son tour, le procureur général Hardy adressa un hymne « d'actions de grâces à l'auguste empereur qui avait daigné rétablir la magistrature dans son ancien éclat » et complimenta le commissaire « du héros-législateur qui présidait aux glorieuses destinées de la France. »

Puis le délégué du souverain leva la séance et se retira, accompagné comme à son entrée[1].

Moins de cinq ans après, autre antienne. C'est le premier président Pierre-Louis Dupont-des-Loges et le procureur général Pierre Bourdeau qui, cette fois, en leur qualité de commissaires délégués de Louis XVIII, installent la Cour royale, en présence du comte de Vioménil, pair de France, gouverneur de la 13e division militaire, et des autorités rennaises. La musique de la garde nationale, placée dans la salle des Pas-Perdus, accompagne le chant du *Veni Creator* et, pendant la messe, exécute plusieurs morceaux appropriés à la cérémonie. Puis le Premier Président reçoit dans la grand'chambre le serment

(1) Reg. des délib. inter. de la Cour.

individuel des membres de la Cour et fait jurer aux avocats, aux avoués, aux greffiers, ainsi qu'aux huissiers « fidélité au Roi et à la charte constitutionnelle[1]. »

Combien vaines et inutiles sont ces promesses politiques que le moindre souffle révolutionnaire emporte dans l'espace, comme est emportée à l'heure de la tempête la poussière du chemin !

Visites princières au Palais. — La duchesse d'Angoulême, dauphine de France. — La duchesse de Berry. — Le duc et la duchesse de Nemours.

Au XIXe siècle, divers princes et princesses, souverains et présidents de la République visitèrent le Palais de Justice et y assistèrent à des fêtes ou banquets.

Le 15 septembre 1827, c'est la dauphine, duchesse d'Angoulême, que la Cour reçoit avec pompe. A toutes les ouvertures du monument flotte le drapeau blanc fleurdelisé ; la salle des Pas-Perdus, les couloirs, les salles d'audiences sont ornés « avec toute la décence convenable ». Vers midi, le Premier Président, en costume officiel, se porte, avec toute la Cour, jusqu'au bas du perron de la grande

(1) Reg. des délib. inter. de la Cour, 6 février 1816.

porte d'entrée. Arrive bientôt la dauphine en voiture de gala. Après avoir été saluée et complimentée par le chef de la compagnie judiciaire, elle monte au premier étage et est accueillie par les cris de vive le Roi ! vive Mme la dauphine ! vivent les Bourbons ! poussés par les invités qui emplissent dans toute sa longueur et dans la moitié de sa largeur la salle des Pas-Perdus. Elle parcourt les différentes chambres, accompagnée de sa suite, se montre frappée de leur somptuosité, et semble porter un vif intérêt aux explications que lui donne son cicérone le Premier Président. Reconduite à sa calèche, avec le même cérémonial qu'à son entrée, elle est de nouveau l'objet d'enthousiastes acclamations.

Un an après, le 27 juin 1828, la Cour recevait une autre princesse de la maison royale, la duchesse de Berry, qui, accompagnée de son chevalier et de ses dames d'honneur, visita toutes les salles et, comme la duchesse d'Angoulême, admira grandement les richesses artistiques que le Premier Président se plut à lui montrer[1].

Le 20 août 1843, nouvelle visite princière au Palais. Il s'agit, cette fois, du duc et de la duchesse de Nemours.

Déjà, la veille, à leur arrivée à Rennes, le fils du roi

(1) Reg. des délib inter. de la Cour, année 1828.

à cheval et la princesse allemande dans une calèche découverte qu'escortaient, à droite, le colonel de la garde nationale et, à gauche, celui du 13e régiment d'artillerie, avaient passé, au grand trot, devant le Palais de Justice, précédés d'un peloton de gendarmerie et suivis d'un brillant état-major. Le lendemain, vers 1 heure de l'après-midi, le même cortège débouchait de la galerie, en forme de « nef d'église gothique », construite sur toute l'étendue de la rue Louis-Philippe[1]. La Cour, en robes rouges, attendait leurs Altesses royales à la porte d'entrée du Palais. Après avoir complimenté le duc et la duchesse le premier président de Kerbertin, sur l'invitation du prince, offrit le bras à la duchesse de Nemours.

A leur entrée dans la salle des Pas-Perdus, prince et princesse furent salués par les acclamations des trois ou quatre cents personnes admises, sur cartes d'invitation, dans l'intérieur du monument. Des dames, élégamment parées, occupaient les trois rangs de chaises disposés autour de la salle. Derrière, se tenaient, debouts, les membres des tribunaux civil et de commerce, les avocats, les membres de la corporation des avoués, les juges de paix et les fonctionnaires de tout rang. Pressés par l'heure de la revue des troupes, les princes ne visitèrent que

(1) Aujourd'hui rue Victor Hugo.

trois salles : la grand'chambre, la première chambre et le cabinet actuel du Premier Président ; M. de Kerbertin donnant toujours le bras à la duchesse, signalant à son attention les peintures les plus remarquables et lui citant les noms des grands artistes qui avaient décoré ces différentes salles [1].

LE CLUB RÉPUBLICAIN DE 1848. — AUDIENCE SOLENNELLE DE 1849. — PRESTATION DE SERMENT DES MAGISTRATS DU RESSORT. — NOUVEAU SERMENT DES MAGISTRATS DE LA COUR EN 1852.

Après les journées de février 1848, la salle des Pas-Perdus devint, une fois encore, un lieu de réunions publiques. Autorisé par l'Administration départementale, le club républicain y tint ses bruyantes séances, sous la présidence du citoyen Poulizac. Elles furent si tumultueuses qu'un jour le président de la chambre correctionnelle fit inviter les clubistes à modérer leur ardeur, déclarant que la Cour ne pouvait siéger au milieu de ce vacarme [2].

L'année suivante eut lieu au Palais de Justice une grande cérémonie. En exécution de la loi du 8 août 1849 et de l'article 114 de la Constitution, il fut

(1) Journal *Le Progrès*, nos 360, 361, 362 et procès-verbal du reg. int. de la Cour.

(2) Anecdote rapportée par un Contemporain.

procédé le 10 novembre, à l'institution des magistrats de la Cour d'appel, ainsi que des présidents et procureurs de la République du ressort. La séance ouverte, le procureur général du Bodan, aux fins des pouvoirs qui lui avaient été conférés, reçut de M. Cadieu, doyen des présidents de chambre, remplissant les fonctions de Premier Président, le serment professionnel, en présence de l'archevêque, de plusieurs évêques, d'abbés mîtrés et des autorités civiles et militaires réunis dans la grand'-chambre, tous assis dans la salle suivant leur rang de préséance.

Cette formalité remplie, M. du Bodan prononça un discours sur l'inaltérable beauté et l'immutabilité de la Justice.

A son tour, M. Cadieu prit la parole. Puis déférant aux réquisitions du chef du parquet général, il lut aux magistrats assemblés la formule légale du serment : « En présence de Dieu et devant les hommes, je jure et promets, en mon âme et conscience, de bien et fidèlement remplir mes fonctions, de garder religieusement le secret des délibérations, et de me conduire en tout comme un bon et loyal magistrat. » Présidents de chambre, conseillers, avocats généraux et substituts, greffiers, présidents et procureurs de la République des tribunaux de première instance du ressort et quelques présidents des tribunaux de commerce, qui avaient répondu à la convocation, levèrent la main droite et dirent : je le jure.

Moins de trois ans après, le 19 avril 1852, dans la même salle, la Cour jurait en outre, devant M. Boucly, son Premier Président, en exécution des décrets des 22 mars et 4 avril, « obéissance à la Constitution et fidélité au Président », comme elle jurera plus tard fidélité à l'Empereur, le juge ayant pour mission « de faire dominer et respecter la loi[1] » en s'y soumettant le premier.

Le banquet breton. — L'Empereur Napoléon III et l'impératrice Eugénie au palais de justice de Rennes.

Depuis Henri IV, c'est-à-dire depuis 260 ans, aucun souverain n'avait visité Rennes. Le passage de l'empereur et de l'impératrice fut donc pour la capitale de la Bretagne un événement mémorable qu'elle fêta dignement. A cette occasion, le Conseil général d'Ille-et-Vilaine résolut d'offrir au chef de l'État et à sa gracieuse compagne, le 20 août 1858, un banquet de 360 couverts dans la salle des Pas-Perdus. Le Palais, ce jour-là, fut décoré avec un luxe inouï. Sa majestueuse façade était ornée de trophées et de médaillons encadrant les initiales des

(1) Discours du prince-président du 4 avril 1852.

souverains. De chaque côté de la grande porte pendaient des draperies de velours cramoisi à franges d'or; de superbes orangers en caisses, des gazons, des massifs de fleurs, des plates-bandes aux couleurs variées étaient disposés avec un art charmant et les graves statues de Toullier, de Gerbier, de la Chalotais et de Bertrand d'Argentré émergeaient d'un parterre de roses, de marguerites et de verveines.

Les piliers de l'imposant vestibule étaient recouverts de velours rouge rehaussé de larges galons d'or et leur base de granit disparaissait sous la mousse et le thuya; les deux rampes du grand escalier, recouvertes de tapis, étaient bordées de fleurs; des draperies et des glaces en masquaient les parois.

Dans l'immense salle des Pas-Perdus une table en fer-à-cheval se développait tout autour du vaisseau; au milieu, autre table parallèle. Une draperie rouge, surmontée d'une couronne impériale et bordée d'hermines, au centre de laquelle le chiffre de l'Empereur et de l'Impératrice resplendissait en lettres d'or, couvrait la porte élégante de l'ancienne chapelle du Parlement. Des jardinières et des vasques étaient disposées dans l'embrasure des croisées; aux murs, les armes des principales villes de Bretagne et, à la voussure, une décoration héraldique, composée des écussons des principaux chefs-lieux de cantons de la vieille province[1].

(1) Extrait du *Journal de Rennes* du 21 août 1858.

L'Empereur et l'Impératrice furent reçus à leur descente de voiture, à l'entrée de la grille qui existait alors devant la façade du Palais, par le comte de Lariboisière, sénateur, président du Conseil général, par le premier président Boucly, par le préfet et par le maire de Rennes. A leur entrée dans la salle du banquet des acclamations chaleureuses les accueillirent. Une foule compacte, évaluée à dix mille personnes, réunie sur la place proférait des vivats réitérés. Pour la remercier Napoléon parut au balcon et salua. Les acclamations redoublèrent d'intensité, mais devinrent bientôt délirantes, lorsque l'Impératrice, s'avançant à son tour, faillit tomber en glissant sur la marche du balcon recouverte par un tapis.

L'Empereur présida le banquet ayant, à sa gauche, l'Impératrice et, à sa droite, la princesse Bacciochi sa cousine. Le président du Conseil général était placé près de la souveraine et les dames d'honneur et les officiers généraux alternaient avec les autorités locales. Au dessert, après quelques mots de M. de la Riboisière, l'Empereur se leva et prononça d'une voix vibrante le discours capital de son voyage en Bretagne.

A l'issue du banquet, Leurs Majestés exprimèrent le désir de visiter les principales salles du Palais. Conduites par le Premier Président et le Procureur général dans la grand' chambre, dont les réparations étaient à peine commencées, elles apprécièrent la valeur de sa magistrale ornementation, interrogèrent les magistrats sur l'installation de leurs services, sur leurs habitudes judiciaires, sur leurs besoins, et apprirent combien vivement la Cour souhaitait la restauration complète du Palais et de ses richesses artistiques[1].

La salle des Pas-Perdus et la galerie du premier étage transformées en chambrées et en infirmerie.

Douze ans se sont écoulés. Aux acclamations que répercutait, à l'heure du banquet breton, la haute voûte de la salle des Pas-Perdus ont succédé contre l'Empereur et contre la guerre, « ce mal qui déshonore le genre humain[2] », des anathèmes passionnés, des blasphèmes enfiélés de colère. Nous sommes aux derniers jours de l'année terrible. La guerre folle entreprise par le souverain déchu sévit dans toute son horreur. Le désastre de Sedan est un fait accompli ; Paris est investi ; la déroute du Mans entache nos annales militaires ; la France pleure ses enfants tombés face à l'ennemi. Depuis le 19 décembre, huit ou neuf mille mobilisés bretons, arrivés de

(1) Journaux de Rennes et discours de rentrée de 1858 et 1859.
(2) Fénelon.

Conlie après la levée du camp, sont à Rennes, et, comme les casernes, les établissements publics, les institutions regorgent déjà de malades et de blessés, il a fallu faire camper ces malheureux, en plein air, sur le Champ de Mars, sur les boulevards, sur le Mail. Mais le froid est intense, il glace à pierres fendre; une épidémie de variole s'est déclarée au sein de cette agglomération humaine et, pour sauver fiévreux et varioleux d'une mort presque certaine, le Préfet, M. Blaise, a songé, pour les caserner, à la salle des Pas-Perdus et aux couloirs du Palais de Justice.

Ce sont ces malheureux qui, dans leur délire, se répandent en exécrations contre Napoléon III, Guillaume, Bismarck, Prussiens et Allemands. L'administration de la guerre a fait étendre une litière de paille sur tout le pourtour de la vaste pièce; dans la galerie les varioleux, roulés dans leur couverture, grelottent sur des paillasses; le premier étage du Palais est devenu une sorte d'hôpital. Pour entrer dans leurs salles d'audience et se rendre à leur bibliothèque, les magistrats traversent, chaque jour, ces dortoirs empoisonnés. L'odeur est infecte. Ces hommes affaiblis, indisciplinés, mal surveillés, ne prennent pas la peine de descendre dans la cour intérieure; les parois de la grande salle, les couloirs, l'escalier sont souillés d'ordures, et, après l'évacuation, il faut cent trente-deux journées d'ouvriers pour opérer un nettoyage à fond, lessiver les murs, réparer les dégradations, remplacer les nombreuses vitres brisées[1].

Visite du Maréchal de Mac-Mahon.

Le 20 août 1874, lors de son voyage politique dans l'Ouest de la France, le maréchal de Mac-Mahon, président de la République, qui la veille avait exprimé le désir de visiter le Palais de Justice, arriva, vers 10 heures du matin, avec son escorte, à la porte d'entrée du monument et fut reçu par la Cour entière qui, en robes rouges, l'attendait sous les voûtes du rez-de-chaussée. Il parcourut la grande et la première chambre, entra dans le cabinet du Premier Président, où M. Bécot lui présenta quelques-unes des curiosités actuellement conservées tant aux archives du Parlement que dans la salle affectée aux Présidents des Assises et, notamment, un livre de sorcellerie, portant, dit la légende, la griffe de Satan, pièce à conviction d'un procès criminel du XVIe siècle. Avant de quitter le Palais, le Maréchal pria le Premier Président de l'introduire dans la bibliothèque. Il fut reconduit par la Cour jusqu'à son landau et remercia, sous le péristyle,

(1) Arch. dép., liasse Palais 7U8.

la Compagnie judiciaire de l'accueil empressé qu'elle lui avait fait[1]. M. Grivart, l'une des illustrations du Barreau de Rennes, alors ministre du Commerce, accompagnait le Président de la République.

Banquet offert au Palais de Justice a Félix Faure, par la Ville de Rennes.

Au mois d'août 1896, au cours de son voyage en Bretagne, le Président de la République Félix Faure fit séjour à Rennes et présida le 11, dans la salle des Pas-Perdus, un banquet de quatre cents couverts que lui offrait la Ville et auquel assistèrent tous les magistrats de la Cour.

La façade du Palais de Justice, pavoisée à profusion de drapeaux tricolores en trophées, resplendissait sous des rampes de gaz dessinant ses principales lignes. Les escaliers, recouverts de tapis, le péristyle, la galerie du rez-de-chaussée, illuminés au moyen de verres bleus, blancs et rouges, étaient ornés d'arbustes et de massifs de fleurs. Lustres et girandoles éclairaient de leurs feux les galeries du premier étage et la salle du banquet. Sur une estrade construite du côté Est se dressait, en fer à cheval, la table d'honneur. Quatre tables paral-

(1) Reg. des délibérations inter. de la Cour, année 1874, et renseign. fournis par témoins.

lèles, coupées au milieu pour faciliter le service et la sortie, se profilaient dans la longueur du vaisseau.

Pour la circonstance, la salle des Assises avait été transformée en cuisine et en office.

Le Président de la République, les deux ministres qui l'accompagnaient, MM. Méline et Darlan, le général commandant le Corps d'armée, le général Tournier, secrétaire général de la Présidence, furent reçus, à leur arrivée, par M. le premier président Maulion et M. le procureur général Giraud et restèrent dans la grand'chambre, en attendant l'heure fixée pour le banquet. A 7 heures, Félix Faure et le cortège officiel firent leur entrée dans la salle des Pas-Perdus et prirent place à la table d'honneur. Circonstance particulière et qui peint le caractère breton, aucun vivat ne fut proféré, malgré la sympathie qu'inspirait aux invités la personnalité du Président et bien que la majorité des convives professât des idées républicaines.

Au dessert, à l'heure des toasts, M. Poulain, maire de Rennes, leva son verre en l'honneur du Président de la République et rappela que le Palais avait été, avant la Révolution, « l'un des premiers et des plus illustres foyers de la propagande libérale. » Félix Faure, en termes d'une grande élévation, fit l'éloge des marins bretons ainsi que de la Bretagne, « cette province qui a le droit d'être fière des enfants qu'elle a donnés à la Patrie ». « En saluant la Ville de Rennes, s'écria-t-il en terminant, je salue le noble génie de la vieille Armorique, fait tout ensemble de passion pour la liberté, de loyauté et de patriotisme ! » Ces paroles, qui ravivaient chez la plupart des assistants l'amour du sol natal, furent accueillies par des applaudissements enthousiastes, maintes fois répétés. L'âme bretonne, froidement concentrée au début du banquet, se répandit ardente, une fois conquise, et se livra tout entière.

Inauguration de la maquette du peintre Toudouze dans la grand' Chambre.

Pour compléter l'histoire du Palais jusqu'à nos jours, nous ne saurions omettre un événement tout récent, mais qui marquera dans les fastes du vieil édifice parlementaire. Il s'agit, suivant l'expression heureuse et imagée du promoteur de la réunion, de la pose de la première pierre des splendides tapisseries des Gobelins, appelées à transformer la grand' chambre et à en faire, dans quelques années, l'une des merveilles de la France.

Le 28 octobre 1901, à 9 heures du matin, M. le premier président Maulion, cet instigateur éclairé de la restauration des magnifiques salles de « son cher palais », dans une cérémonie intime à laquelle il avait convié M. Delpech, préfet d'Ille-et-Vilaine, les membres de la Cour, le Conseil de l'ordre des avocats, la Chambre des avoués, M. Laloy, architecte, et la presse rennaise, inaugurait, en présence de M. Guiffrey, membre de l'Institut, administrateur des Gobelins, et du peintre Édouard Toudouze, la remarquable maquette brossée par ce dernier, œuvre que reproduisent actuellement, en laine, soie et fil d'or, les artistes tapissiers de notre manufacture nationale.

Après avoir aimablement souhaité la bienvenue à tous ses invités et les avoir introduits dans la grand' chambre, le chef de la Cour d'appel prononça l'allocution suivante :

MESSIEURS,

« M. Guiffrey, l'éminent administrateur de la manufacture « nationale des Gobelins, et M. Toudouze, le peintre dont les « œuvres sont partout si justement remarquées, sont venus « aujourd'hui à Rennes pour se rendre compte, avant de le « placer sur le métier, de l'effet produit par l'important tableau « que vous allez voir.

« J'ai pensé vous procurer un vif plaisir en vous conviant à « l'admirer. J'ai estimé, d'autre part, que, puisque nous ne « pouvions pas avoir l'espoir de nous trouver à la réception « définitive des tentures qui doivent faire le splendide ornement « de notre Grand' Chambre, il était naturel que nous ayons au « moins la satisfaction d'en poser la première pierre.

« Mais j'ai voulu également saisir cette occasion pour exprimer au nom de la Cour, et, je puis bien le dire, au nom de tous, nos plus vifs remerciements à ceux qui ont bien voulu contribuer à grandir et à rehausser l'éclat de notre cher Palais en lui restituant tout son lustre que les temps avaient atteint.

« C'est à M. Laloy, architecte si distingué du département, que nous devons reporter nos premiers remerciements.

« C'est lui, en effet, qui a eu la pensée heureuse, je pourrais dire quelque peu hardie, de songer à la reconstitution des Gobelins. Il s'y est voué avec un dévouement aussi éclairé qu'infatigable.

« Que de persévérance n'y a-t-il pas apporté ? Que de bonnes volontés n'a-t-il pas su découvrir ? Mais aussi, avec quelle encourageante bonne grâce M. Guiffrey n'a-t-il pas accueilli ses premières ouvertures. Nous ne saurions trop lui dire, à M. Guiffrey, combien nous lui sommes reconnaissants d'avoir donné à ce projet l'appui de sa haute compétence et de son autorité. C'est son inestimable concours qui nous a permis de tout oser, de tout entreprendre, et de voir placées, dans ce cadre qu'il a jugé digne d'elles, les merveilles que chacun à l'avenir pourra contempler à l'envi.

« Nous n'oublierons pas, Messieurs, davantage, de fixer dans notre gratitude l'Assemblée départementale, dont nous aurions été fort heureux de voir ici le Président, si autorisé, pour le prier d'être près d'elle l'interprète de nos vifs remerciements et de les agréer aussi pour lui-même. Elle nous a déjà accordé des crédits qui nous ont permis de marcher en avant, et nous avons l'espoir qu'avec l'appui de notre excellent Préfet, qui est un délicat connaisseur, nous pourrons mener à bien la tâche entreprise.

« Nous n'oublierons pas enfin tous les artistes de mérite qui ont mis la main à ces œuvres; en particulier M. Toudouze,

« qui, avec un art infini, une richesse exquise de pensée et de « coloris et son merveilleux talent, a consacré la grande et « inoubliable circonstance pour la Bretagne de son union avec « la France.

« Le temps, Messieurs, est un grand destructeur ; il a em- « porté d'ici les Gobelins d'autrefois ; il ensevelit également les « souvenirs, et l'oubli se fait vite, quand les générations se « succèdent, sur les actes du passé. C'est pour échapper à cet « oubli que nous avons voulu fixer celui qui nous assemble « sur les registres des actes importants de la Cour, afin de « livrer la mémoire de ceux qui nous ont servis à la recon- « naissance des générations futures, comme la nôtre leur est entièrement « acquise. »

Après ce discours qui fut couvert d'applaudissements, M. Guiffrey remercia M. le Premier Président des paroles qu'il venait de prononcer, et, à son tour, fit l'éloge de l'artiste-peintre et de M. Laloy. Puis, sur un signe de l'architecte, M. Gaucher, inspecteur des bâtiments départementaux, laissa tomber vers le sol le voile qui recouvrait l'œuvre d'Édouard Toudouze, et alors apparut dans toute sa beauté, son mouvement, son coloris et sa grâce, la maquette représentant la réception par Charles VIII, aux portes du château de Langeais, de sa toute jeune fiancée, Anne de Bretagne, la veille de leur mariage (1).

(1) Voir la description de cette tapisserie au chapitre VI.

Visite d'Oscar II.

Enfin, ces temps derniers, le 3 mai 1902, Oscar II, roi de Suède et de Norwège, de passage à Rennes, visita les principales salles du Palais. M. le premier président Maulion et M. le procureur général Roullet, qui l'attendaient au bas du perron, lui souhaitèrent la bienvenue. Accueilli à son entrée dans la salle des Pas-Perdus par une salve d'applaudissements, le souverain parcourut la chambre des appels correctionnels, la salle des assises, le cabinet du chef de la Cour, les chambres civiles, la grand'chambre et le cabinet du procureur général. Arrivé dans la grand' chambre, M. le Premier sollicita de sa Majesté la faveur d'une signature au bas du procès-verbal relatant sa royale visite, et, avec une bonne grâce parfaite, le souverain, d'une main ferme, calligraphia ces mots :

OSCAR

Roi de Suède et de Norwège

et petit-fils de Charles-Jean Bernadotte,

au-dessous des lignes suivantes : L'an mil neuf cent-deux, le trois mai, Oscar II, Roi de Suède et de Norwège, a daigné honorer de sa présence le Palais de Justice ; sous la conduite de M. le premier président Maulion, de M. le procureur général Roullet et accompagné de MM. Delpech, préfet d'Ille-et-Vilaine et Pinault, sénateur, maire de Rennes, sa Majesté a visité les différentes salles du Palais et a bien voulu apposer sa signature sur le registre des actes importants de la Cour.

Tels furent, durant deux siècles et demi, les épisodes les plus saillants de l'histoire du Palais de Justice de Rennes. Puisse ce récit, documenté aux sources mêmes, contribuer à rehausser encore la renommée d'un monument auquel j'ai voué, comme tous mes collègues épris d'esthétique, un culte véritable !

CHAPITRE III

Le Monument extérieur.
Les Statues. — Le Péristyle. — Le Rez-de-Chaussée.
La Cour intérieure.

Dominant l'une des belles places de France, eu égard à l'uniformité des constructions qui l'entourent et à l'harmonie de leur ensemble, le Palais de Justice de Rennes, vaste quadrilatère, presque régulier, développant 63 mètres de front, est, sans contredit, un très remarquable monument. Si son imposante façade de style toscan est quelque peu écrasée sous sa haute et superbe toiture, elle offre, cependant, par ses proportions, un aspect grandiose et majestueux.

Elle est formée d'un bâtiment principal et de deux ailes ou pavillons en saillie. Son soubassement de granit, à bossages ponctués, aux arêtes chanfreinées dans la majeure partie de l'édifice, est percé de treize ouvertures. Au centre, la porte d'entrée, flanquée de chaque côté d'un bas-relief représentant une panoplie d'armes antiques et d'attributs royaux et judiciaires, suspendue par une lanière à une gueule de lion [1]; à droite et à gauche portes-fenêtres à anse de panier avec beau mascaron à la clef de voûte.

Le premier étage, en calcaire tendre de Saumur et des Charentes, présente une superbe ligne architecturale de treize larges et hautes fenêtres, plein cintre dans la partie médiane et surmontées, aux pavillons, d'un fronton triangulaire que soulignent des écharpes enlacées aux cornes d'un mascaron.

La fenêtre centrale, à balcon garni d'une élégante balustrade en fer forgé, est encadrée de colonnes toscanes accouplées, qui soutiennent la partie saillante de l'entablement. Au-dessus, fronton ou motif à arc surbaissé reposant sur quatre pilastres entre lesquels rayonne un cadran solaire. Dans le tympan de l'arc se détache un cartouche couronné royalement et accosté de guirlandes sculptées, œuvre de Cham-

(1) Réfection en 1819, arch. départ., liasse 7U1.

pagnac[1]. Outre les colonnes, des pilastres également accouplés, placés entre chaque fenêtre du premier étage, supportent, eux aussi, l'entablement, à la frise décorée de triglyphes cannelés, séparés par des métopes, ces dernières alternativement ornées d'hermines, d'X couronnés et de balances. Sur la corniche, règne dans toute la largeur de la façade une galerie de balustres en tuffeau, coupés d'acrotères, en arrière de laquelle part la haute toiture crêtée de fleurs de lis et d'hermines. « Cette balustrade ménage une transition heureuse entre l'ordonnance du premier étage et la naissance des toits immenses de l'édifice[2]. » Les pavillons sont coiffés d'une couverture quadrangulaire, à pente rapide, que couronnent, aigrettes gracieuses et légères, quatre statuettes en plomb, sorties de l'atelier du sculpteur Dolivet. Elles représentent : la Force, la Justice, l'Éloquence et la Renommée[3].

Sur les côtés et la face nord du monument trente-deux belles gargouilles en plomb, à tête de dragon, jaillissent au dessus de la corniche et déversaient, jusqu'en 1839, les eaux pluviales sur les rues Hoche

(1) Arch. départ. 7U6, liasse de 1862, époque de la restauration du fronton.

(2) Rapport de l'architecte Laloy du 15 avril 1885.

(3) Placées en 1893, elles ont coûté, y compris les modèles, 6 100 francs.

et de Bordeaux. A cette époque elles furent avantageusement remplacées dans leur office par des tuyaux de descente.

« Jadis le faîte de l'édifice était couvert de bandes « de plomb, de forme convexe, et peint de larges « spirales vertes, jaunes et bleues, entremêlées et « ornées en dessous, tant en dehors qu'en dedans, « de hautes dentelles à jour découpées, également « en plomb, couvrant, en chevron brisé les premiers « rangs d'ardoises. Sur ce faîte courait une bor- « dure leste et variée, composée de fleurs de lis « en jaune et d'hermines en noir, entremêlées, « posées perpendiculairement et hautes d'un demi- « pied.

« Les quatre angles de l'édifice étaient embellis « de statues de plein-relief, en plomb, de la hauteur « de 4 à 5 pieds, chacune sur un piédestal sur- « monté d'une boule. Il y en avait six au midi, trois « sur chaque aile, et quatre au nord, deux sur « chaque coin, toutes représentant les plus grands « hommes de Bretagne. Le premier, qui occupait « la droite de l'édifice vers l'occident, était Salomon, « roi de Bretagne, ayant à la main, comme marque « de sa dignité, un bâton royal ; le second, à la « gauche du bâtiment vers orient, était Jean, comte « de Montfort, puis duc de Bretagne ; à leurs « côtés et à leur suite : Bertrand Duguesclin, Jean

« de Rohan, Olivier de Clisson, le sire de Beau-
« manoir et autres[1]. »

De même, devant la façade du monument, existait, avant 1725, un escalier en granit, large de 3 mètres 30 centimètres, à deux rampes et double palier, élevé sur voûtes. Il aboutissait à une large terrasse s'étendant entre les deux ailes saillantes de la façade et formant un immense palier de niveau et de plain-pied avec la salle des Pas-Perdus. L'entrée principale du Palais s'ouvrait sur cette plate-forme. En effet, la baie centrale du premier étage contenait, alors, une porte donnant accès à la salle des Procureurs. L'intrados de cette ouverture était décoré du grand blason de France, en relief, surmonté « d'un feston lestement sculpté » et d'un buste de Louis XIV[2].

Le Parlement trouvant cette disposition incommode, chargea, en 1725, l'architecte Gabriel de faire disparaître la terrasse et son perron, d'ouvrir des jours dans le soubassement et d'établir l'escalier à l'intérieur de l'édifice. « Cette modification fut faite d'une façon si habile qu'elle n'a laissé aucune trace sur l'édifice. Gabriel avait si bien compris

(1) Description d'un contemporain. Supplément du *Journal de Rennes* du 9 avril 1869.

(2) Description d'un contemporain; Gravure représentant l'incendie de Rennes; Arch. départ. liasse Palais, 7U8, année 1874.

l'architecture du Palais qu'il sut faire oublier la composition première du monument et créer, après coup, un ensemble régulier et en tous points d'accord avec l'esprit général de l'édifice [1]. »

Statues.

Quatre statues en pierres blanches, deux assises, deux debout, reposant sur des piédestaux en granit, sont adossées à l'entre-deux des fenêtres du rez-de-chaussée. Elles représentent : la première, le sénéchal Bertrand d'Argentré, auteur des Commentaires sur la Coutume de Bretagne, jurisconsulte et historien breton ; elle a été sculptée par Lanno, artiste rennais, grand-prix de Rome ; la seconde, Louis René de la Chalotais, debout lisant devant le Parlement son fameux compte rendu contre les Jésuites ; elle est sortie du ciseau de Suc, artiste nantais ; la troisième, Pierre Jean-Baptiste Gerbier, « cette gloire lumineuse donnée par la Bretagne au barreau français » ; on la doit au sculpteur Molechnecht ; la quatrième enfin, le grand jurisconsulte Toullier, doyen de la faculté de droit de Rennes, le premier commentateur du Code civil ; c'est une œuvre de Gourdel, enfant de Rennes, grand-prix de l'école des Beaux-Arts de Paris.

(1) Appréciation de M. Laloy, rapport du 15 avril 1885.

VOUTES ET PÉRISTYLE DU REZ-DE-CHAUSSÉE

Pour se rappeler l'ordre dans lequel sont placés ces illustres personnages, l'un de mes collègues a rimé ce quatrain :

> Face au Palais, à l'est on voit assis Toullier,
> Puis l'aigle du barreau, debout, parlant, Gerbier ;
> A l'ouest, en son fauteuil, d'Argentré, sénéchal ;
> Debout La Chalotais, procureur général.

La pose de ces statues remonte à l'année 1843. Les piédestaux revinrent à 3 096 francs ; les blocs de pierre coûtèrent 1 692 francs ; le transport des statues de Paris à Rennes 3 737 francs ; la pose 386 francs ; les honoraires des sculpteurs s'élevèrent à 16 000 francs ; les honoraires de l'architecte à 535 francs, soit pour le tout une dépense supérieure à 25 000 francs (1).

Il y a trente-cinq ans, une grille en fer, à lances dorées, placée en avant des pavillons et régnant dans toute la longueur de la façade du Palais, protégeait les statues qui, trop souvent, servent de cible aux enfants du quartier ; mais elle fut supprimée, parce qu'elle masquait la base du monument.

Rez-de-chaussée.

Un perron de cinq marches, avec large plate-forme, donne accès au rez-de-chaussée. La porte d'entrée

(1) Rapport de l'arch. Richelot du 7 mars 1844, arch. départ. liasse 7U5.

en chêne, à deux vantaux, récemment exécutée sur les dessins de M. Laloy, offre de beaux panneaux, ornés de superbes heurtoirs à anneau et d'hermines en fer forgé. Sur le linteau, cartouche avec enlacement d'écharpe, et dans la voussure, arabesques en relief, cerclées d'un lourd rinceau, le tout sculpté par Gomerais, artiste rennais.

Si l'on franchit cette porte, « l'impression est particulièrement saisissante, quand on pénètre pour la première fois sous les voûtes un peu sombres de l'édifice [1]. » Cette sensation est vraie, chacun l'éprouve ou l'a éprouvée.

Des piliers carrés, qui divisent en deux nefs le vaste péristyle, fusent des arceaux de granit et les vives arêtes de voûtes en berceau. De biais, la perspective de cet entre-croisement d'arcades est d'un effet imposant et donne une idée, très affaiblie, de la splendide salle des chevaliers du Mont Saint-Michel.

Au fond, par la voûte qui soutient l'escalier, apparaît la cour intérieure, fort belle, avec ses arcades vitrées, ses baies plein cintre du premier étage, ses trumeaux en briques de style Louis XIII, encadrés et ornés de pierres calcaires, sa corniche que soutient une file de modillons et, enfin, les œils-

(1) Saulnier de la Pinelais, *Le Barreau du Parlement de Bretagne.*

de-bœuf des combles, couverts en accolade. Et, pourtant, la création de l'escalier intérieur et la substitution de la plate-bande à l'arcature, qui formait le système adopté par Jacques Debrosses pour la construction et la décoration du monument, eurent pour conséquence de rompre l'harmonie primitive de cette cour dont chacun des côtés était composé de cinq travées régulières (1).

Autrefois, existaient au milieu de la cour, un puits à margelle et, aux angles N-E et N-O, deux pavillons affectés aux avoués. Ils furent supprimés en 1828 et le puits en 1841 (2).

Le péristyle et les galeries du pourtour, intelligemment réparés au cours de l'année 1891, sont, à l'heure actuelle, dégagés et bien tenus; mais il n'en était pas ainsi au commencement du siècle dernier, et voici l'écœurant tableau qu'en faisait dans son discours de rentrée de 1900, M. l'avocat général Denier, d'après le rapport du 12 messidor an VIII (juillet 1800) rédigé par le citoyen Binet, architecte de la commune (3). « Le vestibule du rez-de-chaussée « est encombré de dépôts de bois de toutes sortes. « L'exécuteur y remise les pièces de son échafaud « qu'il jette dans le passage toutes maculées de boue

(1) Rapport de M. Laloy, arch., du 15 avril 1885.
(2) Arch. départ., liasse Palais, 7U2 et 7U5.
(3) *Id.*, 7U1.

« et dégoûtantes de sang. Des baraques le remplissent et obstruent les fenêtres qui ne laissent « plus pénétrer qu'une insuffisante lumière; elles « sont occupées, les unes par des blanchisseuses qui « pavoisent la cour du linge bariolé de leurs clients, « les autres par l'échoppe de menuiserie du citoyen « Dufresne, et par l'imprimerie de la citoyenne « Félicité Vatar; dans le pourtour se trouvent installés divers ateliers, l'imprimerie de la citoyenne « Bruté, voire même des cuisines de restaurateurs.

« De tout cela s'échappe, par des tuyaux de poêle, une fumée âcre et fétide qui s'attache en couches épaisses aux voûtes de pierre, lèpre noire et hideuse dans laquelle, à chaque instant, s'allume l'incendie qui menace de se propager dans le reste de l'édifice. L'escalier de l'occident est inabordable, il n'est plus qu'un dépôt d'ordures, un cloaque d'infection. »

A l'est du péristyle, se trouvent la salle d'audience du Tribunal de commerce dont l'installation au Palais de Justice remonte à 1830 [1], le greffe de ce tribunal, ancienne loge du portier, et la salle des faillites qui, au temps du Parlement, fut à l'origine la chapelle des prisonniers et devint ensuite le bureau du timbre. La salle d'audience actuelle était, dans le principe, la pièce où les conseillers de

(1) Arch. départ., liasse Palais, 7U2, année 1829.

la chambre de Tournelle interrogeaient les détenus, prévenus de crimes ou même de simples délits[1].

A l'ouest, on rencontre le parquet du Procureur de la République et le cabinet du Juge d'Instruction, jadis logement de concierge du Parlement, bureau de la conciergerie, puis imprimerie[2].

Pénétrant dans la galerie occidentale on aperçoit, à gauche, la chambre des Avoués, la salle des Enquêtes, le cabinet du Président du tribunal civil et les salles d'Audience de ce tribunal qui fut transféré du Présidial au Palais de Justice en 1840.

Tous les locaux de la galerie nord sont occupés, aujourd'hui, par les concierges et gardes du Palais; mais ce n'était, ainsi que les caves, aux XVIIe et XVIIIe siècles, que des cachots et des lieux de dépôts.

Aux deux extrémités de cette galerie, existent des escaliers conduisant au premier étage. En 1891, celui de l'ouest fut refait en entier, et celui de l'est restauré seulement.

La galerie orientale donne accès aux différentes salles du Greffe du tribunal civil.

Revenu sous les voûtes du péristyle, le visiteur retrouve le large escalier, en granit, à double révo-

(1) Plan de 1618, archiv. départ. et biblioth. de la Cour.

(2) *Id.*, *ibid.*, liasse Palais, 7U4, année 1838.

lution et double volée, se réunissant, sur un palier commun, devant l'entrée de la salle des Pas-Perdus.

Construit dans la cour centrale, en 1725 et 1726, sur les dessins de Gabriel, l'architecte de l'hôtel de ville et de la place du Palais, cet escalier est abrité par un portique formé de huit colonnes à chapiteau dorique, groupées deux par deux et soutenant un comble. Chaque groupe est relié par une élégante balustrade en fer forgé. « L'architecture Louis XIV de cet adjutorium éveille immédiatement l'attention et révèle la modification apportée au plan primitif du monument[1] ».

Arrivé au palier supérieur et tournant le dos à la cour, on se trouve en face d'une porte de chêne massive, datant de 1726, remarquable par ses sculptures encadrées d'un lourd rinceau de feuillages. Sur l'un des battants figure la Force, armée de sa massue ; sur l'autre la Justice avec ses balances et son glaive. Les panneaux supérieurs sont ornés de rameaux d'olivier et de chêne, liés par les pieds ; ceux du bas d'une guirlande octogonale. Sur le linteau, fleurettes séparées par des banderolles entrelacées ; au dessus, fin panneau de fleurs et de volutes de palmes, surmonté d'hermines alternant avec des

(1) Rapport de M. Laloy du 15 avril 1885, relatif aux grands travaux de restauration à entreprendre au Palais.

triglyphes. Enfin, dans l'intrados, ruche d'abeilles entourée d'une couronne de chêne que soutiennent deux génies grossièrement sculptés, avec médaillon à gauche et, à droite, trophée de canon, étendard et armes. Ces dernières sculptures sont très inférieures à celles du linteau[1].

(1) Restauration et réfection partielle par le sculpteur Barré de 1835 à 1836. Arch. départ. liasse 7U2.

CHAPITRE IV

La Salle des Pas-Perdus.
La Galerie du Premier étage.

La Salle des Pas-Perdus, où le visiteur entre tout d'abord, après avoir gravi le grand escalier, est remarquable par sa hauteur imposante et l'ampleur de sa superficie. Elle mesure, en effet, 36 m 60 de longueur, 12 m 80 de largeur, et offre, sous la partie culminante de sa voussure, 13 mètres d'élévation [1]. La voûte, immense assemblage de madriers, repose sur des pieds-droits, hauts

(1) Arch. départ. liasse 7U5.

d'environ 7 mètres, surmontés d'une corniche d'ordre corinthien qui règne tout autour de la nef. Elle est divisée en compartiments de formes variées dont les moulures ou encadrements saillent en reliefs vigoureux.

Au centre, dans un caisson elliptique de six mètres sur quatre, brillent, luxueusement dorées, les armes accouplées de France et de Bretagne, cerclées du collier et de la croix du Saint-Esprit, et encadrées d'une grappe de dix Génies. Ceux du sommet soutiennent au dessus des blasons, la couronne royale.

Des rosaces, des couronnes, des guirlandes, des hermines, en bois sculpté, revêtues de dorures, essaiment la courbure bronzée de la voûte.

Antérieurement à la Révolution, des fleurs de lis et des étoiles, jetées avec art, remplissaient les intervalles des caissons ; mais, en 1837, il n'en restait plus que des traces [1].

Onze baies, dont sept prennent jour sur la place du Palais et quatre sur le grand escalier, éclairent la salle. Toutes ces fenêtres, à large embrasure, sont cintrées, ainsi que les trois grandes portes du côté nord.

La porte d'entrée, garnie d'un tambour encadré d'une guirlande de chêne, contient dans son imposte un demi-relief en plâtre, peint couleur bois,

(1) Arch. départ. liasse 7U5 (rapport de l'archit. 17 janv. 1837).

œuvre consciencieuse du sculpteur rennais Barré. Il représente la Religion, sous la forme d'une femme couronnée, assise sur un nuage, portant une croix sur le bras gauche et appuyant la main droite sur une ancre (1).

A l'entrée des galeries, autres portes, surmontées, l'une du médaillon en plâtre de Louis René de la Chalotais, l'autre de celui de Bertrand d'Argentré, sénéchal de Rennes. Elles sont garnies de panneaux en serrurerie grillagés, portant au centre, comme toutes celles du premier étage, les initiales enlacées de Louis-Philippe, surmontées de la couronne royale et entourées d'une guirlande en laiton, le tout doré autrefois. Au dessus, entablement sculpté. Dans les parois est et ouest s'ouvre une belle porte, encadrée d'une élégante archivolte en bois, à pilastres corinthiens. De chaque côté, petites portes surmontées d'un fronton surbaissé et d'un attique avec œil-de-bœuf et cartouche.

La Salle des Pas-Perdus est pavée de dalles en granit datant de 1891 ; les murs sont décorés de peintures, simulant le marbre.

Restaurée de 1837 à juin 1839, sous la direction de M. de Lagarde, architecte du département (2), elle

(1) Exécuté en 1838 ou en 1839.
(2) Arch. départ. liasse 7U4.

demanderait actuellement de sérieuses réfections. On répara, à cette époque, la voûte qui tombait de vétusté et les fenêtres, autrefois vitrées de châssis plombés, comme toutes les croisées du rez-de-chaussée et du premier étage[1]; on rétablit la corniche, en partie mutilée; on refit les enduits, les peintures et les dorures; on enleva les panneaux pleins des portes pour y substituer les panneaux en treillis qui, bien que gracieux, contrastent étrangement avec le style général du monument.

C'était l'une des époques des grands travaux de restauration. De 1834 à 1839, il fut, en effet, dépensé plus de cent mille francs au Palais[2].

Il conviendrait de réparer cette salle, de repeindre la voûte, de brosser une fresque ou d'encastrer une belle peinture à l'huile, rappelant l'un des évènements importants du Palais, dans les deux hémicycles ménagés par Debrosse ou son successeur comme cadres destinés à des tableaux.

M. le premier président Maulion fera incessamment, dans ce but, des démarches près l'administration des Beaux-Arts. Son zèle et son dévouement pour l'embellissement du Palais sauront, avec habileté, triompher des obstacles.

(1) Arch. départ., liasse 7U, année 1806.
(2) Rapport du 19 mars 1838. Arch. départ., liasse 7U4.

SALLE DES PAS-PERDUS.

Cette immense pièce a subi, depuis son origine, les appropriations les plus variées. Chapelle provisoire, le jour de l'inauguration du Palais, elle devint successivement : la salle des Procureurs, si animée lorsqu'au temps du Parlement y circulaient, du matin jusqu'au soir, en bonnets carrés et en robes « ou soutanes, » 110 procureurs, 140 avocats, ainsi que tout un monde de magistrats, de greffiers, de gardes-sacs, de clercs, de receveurs de gages, épices et amendes, les officiers de la chancellerie et leurs auxiliaires, les huissiers et les sergents (1). C'était en même temps, une sorte de passage couvert, avec des boutiques de toutes natures, et une salle de fêtes pour le Parlement et les États de Bretagne. Plus tard, on y tint des réunions publiques et on y donna des banquets. Aujourd'hui elle sert, pendant les suspensions d'audience, de promenoir aux membres de la Cour et du barreau, ainsi qu'aux habitués des assises et de la chambre correctionnelle.

Il s'y donna des fêtes superbes. Elle fut, parfois, décorée d'une somptueuse ornementation. Nous avons parlé, au chapitre II, de la pièce jouée dans cette salle par les élèves des Jésuites, pour fêter, en 1690, le retour, à Rennes, du Parlement de Bre-

(1) G. Saulnier de la Pinelais, *Le Barreau du Parlement de Bretagne*, et reg. secr. du Parlement.

tagne. Voici, d'après un opuscule de l'époque [1], la description du décor dont elle fut parée. « Elle (la « salle) était tendue de très belles tapisseries qui, « servant de fond à tout l'appareil, faisaient une « scène fort agréable. »

Devant les pièces actuellement affectées au service du parquet général et de la bibliothèque de la Cour, « on avait élevé un théâtre magnifique dont « la décoration présentait la grande façade du Palais. » Tout autout de la salle, les Pères Jésuites avaient érigé « une architecture d'ordre dorique, semblable « à celui du Palais. Vingt trois grands pilastres de « porphyre, posez (*sic*) d'espaces en espaces, soute-« naient tout ce grand corps. Au fond, la corniche « était surmontée d'un attique où était posé, sous « un dais royal, le portrait de Louis-le-Grand, avec « cette inscription sur la plinthe : *Ludovico Magno* « *Augustissimum Aremoricæ Senatum Rhedonas* (A Louis-le-Grand qui rappelle à Rennes l'auguste sénat de Bretagne). « D'un côté la Justice et de l'autre « la Force accompagnaient ce tableau et tenaient « d'une main un écriteau sur lequel on lisait ce « vers de Virgile : *Justitiæne prius mirer belline labo-* « *rum* (Dois-je admirer d'abord sa justice ou sa force ?)

(1) Arch. du Parlement, liasse B, 57, E.

« Au-dessous du portrait du Roy, sur la frise, « les armes de Messire le Premier Président et des « présidents à mortier. Un peu plus bas celles de « MM. les Gens du Roy, avec cette inscription : « *Regii triumviri*, et, plus bas encore, la Thèse dans « une riche bordure.

« Les autres écussons de Messieurs du Parlement « étaient placez (sic) par ordre sur la grande frise, « tout autour de la salle », ainsi que ceux de tous les anciens premiers présidents.

Des inscriptions et devises tirées de l'Écriture et de divers auteurs latins, « toutes à la louange du Parlement », ornaient les entre-deux des pilastres ou bordaient le dessus de la corniche ; telles entre autres, celles-ci : *Restituam judices tuos ut fuerunt priùs; et consiliarios tuos sicut antiquitus; post hoc vocaberis urbs fidelis* (Je rétablirai tes juges, comme ils étaient auparavant, et tes conseillers comme ils ont été autrefois, et tu seras désormais nommée la ville fidèle). — *Tales esse decet quos ardens purpura vestit* (Tels doivent être ceux que revêt l'éclat de la pourpre. — JUVÉNAL, *satire 9.*).

Puis, sur une banderole, un grand fleuve avec la devise : *Fert quo fertur opes* (Il apporte, où il est porté, l'abondance) ; et un ciel brillant d'étoiles avec ces mots : *Quot lumina in uno* (que de lumières dans un seul).

Le théâtre, aussi lui, était orné d'inscriptions. Au-dessus du fronton se lisait la dédicace : *Augustissimo Aremoricæ senatui.*

Couloirs du premier étage.

Autour de la cour intérieure règne une galerie, éclairée par de larges fenêtres plein-cintre, autrefois vitrées de châssis plombés, comme celles qui ouvrent sur la grand'chambre. Elle donne accès aux diverses salles d'audience.

Son plafond, à poutres et poutrelles saillantes, dans le style Louis XIII, rehaussées de filets jaunes encadrant des fleurs de lis et des hermines sur fond bleu et rouge alternant, offre, avec ses tons de bois dans les parties en retrait, un assez joli effet décoratif. Malheureusement les poutres transversales sont parées de l'initiale de Napoléon III et semées d'abeilles, ornementation qui jure avec l'époque de la construction de l'édifice. C'est là un anachronisme fâcheux et de mauvais goût.

Les murs sont peints à l'huile, en tons gris, avec panneaux, en saillie, imitant des marbres de teintes variées. Ces peintures sont loin d'être en harmonie parfaite avec celles des plafonds. Les gris et les verts des parois poussent au jaune les tons de bois du plafond, et cette discordance choque le regard.

Toute cette décoration, qui remonte aux années 1862 et 1863, et dont les motifs sont tirés de la chapelle de Fontainebleau, est due au peintre ornemaniste Charles Chauvin, chargé, trois ans auparavant, de la restauration de la grand'chambre.

Mais il fallut, préalablement, ravaler et remplacer les pierres mutilées, gratter, enduire, plâtrer et stucater les murailles, enlever les entrevous en terre du plafond qui tombaient chaque jour sur le plancher, ou bien, lèpre honteuse, pendaient par plaques, écarrir les poutres, raboter les poutrelles, substituer de nouvelles pièces de bois à celles qui se trouvaient en mauvais état, effectuer, enfin, de nombreux travaux de menuiserie et de charpente. Les galeries du premier étage étaient restées, en effet, deux cents ans, à l'état d'ébauche, et, lors de la restauration entreprise en 1860, à l'instigation d'Arsène Houssaye, inspecteur général des Beaux-Arts, les soliveaux des plafonds et les enduits des murs n'étaient que badigeonnés à la chaux. Le délabrement de cette partie de l'édifice contrastait de la façon la plus déplorable avec la magnificence des salles si somptueusement décorées au XVIIe siècle.

La restauration complète de cette galerie revint à 25 250 francs [1].

(1) Arch. départ., liasses Palais, 1860-1863.

En parcourant les couloirs, le visiteur s'arrête instinctivement, le regard charmé, devant les fines peintures : armoiries, arabesques et feuillages sur champ d'or, qui décorent, extérieurement, les volets de la grand'chambre et la fenêtre de l'une des salles du nord.

De même, il remarque, au passage, les coquettes portes grillagées et enguirlandées de lauriers, tant de la première chambre que du cabinet du Premier Président.

CHAPITRE V

La Bibliothèque.
Le Cabinet du Procureur Général.

La bibliothèque de la Cour, ancienne chambre des requêtes du Parlement, est située au premier étage, dans l'aile orientale du Palais. Divisée, depuis 1819, en trois pièces : le vestibule, la salle de lecture et la bibliothèque proprement dite, elle n'en formait qu'une seule autrefois.

Salle de Lecture.

Sur un fond mastic, de riches et fines sculptures en bois doré, dues pour la plupart au ciseau de

Barré ou sorties de ses ateliers, lambrissent les murailles de cette salle.

La cheminée est flanquée de belles chutes de fleurs et de fruits, ainsi que de pilastres à cannelures contenant des tubes dorés d'où sortent des tiges de fleurs. Ces pilastres sont couronnés de beaux chapiteaux corinthiens. Des lianes de liserons et de lierre, un rameau d'olivier et une branche de rosier encadrent gracieusement le trumeau surmonté d'un entablement luxueux.

Des pilastres à feuilles d'acanthe, identiques à ceux déjà décrits, séparent chaque panneau de la pièce. Ceux des encognures se replient à angle droit.

Les portes ornées de moulures dorées, au chambranle formé d'un rinceau de chêne touffu, sont décorées d'un attique dont la frise cannelée contient, dans chacune de ses gorges, une fleur avec ses feuilles. L'attique de la porte ouvrant sur le vestibule soutient une élégante corbeille de fleurs. Un œil-de-bœuf, cerclé d'une couronne de laurier, domine tout l'appareil. Enfin, de chaque côté, à la hauteur du linteau de cette porte, se déploie un cintre vitré, enguirlandé de lauriers.

Une cimaise dorée court tout autour de la salle, et les lambris d'appui sont eux-mêmes encadrés de filets d'or. La frise est brodée d'arabesques ; la corniche soutenue par des modillons palmés, alternant avec des fleurettes. Une belle rosace orne le plafond, bordé, lui-même, de petits caissons contenant un fleuron rosacé.

Cette salle, ainsi que la bibliothèque qui la touche, fut complètement restaurée de 1835 à 1837. On employa 18800 feuilles d'or pour revêtir les rinceaux, les moulures, les pilastres, les corniches, les rosaces et toutes les parties sculptées. Ces dorures revinrent à 3 328 francs (1).

La Bibliothèque.

Cette pièce, qui devrait être un lieu de silence et d'études, devient, chaque après-midi, la parlote des magistrats. Ah ! certes il est à plaindre le laborieux qui, durant une suspension d'audience, y vient faire une recherche de jurisprudence ou consulter un auteur. Le feu croisé des conversations, les reparties vives et animées des collègues l'empêchent bien de se livrer à une étude sérieuse.

La salle est entourée de vitrines à deux battants, séparées par d'étroits pilastres doriques, à base et chapiteau dorés.

Au dessus des portes se détache une guirlande de feuilles de chêne, à chute rosacée, surmontée d'une

(1) Arch. départ. liasse 7U2, année 1837.

couronne de même feuillage. La partie supérieure du panneau de la cheminée est ornée d'arabesques sculptées et les embrasures des croisées sont encadrées de feuilles d'eau à revers, le tout enduit d'or.

A mi-hauteur de la pièce, surplombe, en encorbellement, une galerie circulaire, garnie d'une riche balustrade, en fonte ornementale, bronze et or. Elle est soutenue par des consoles dorées à feuilles d'acanthe.

Une frise gracieuse, blanche et or, et une corniche à modillons également dorés, alternant avec des rosettes, apparaissent au dessus des vitrines de la galerie. Le plafond encadré de grecques porte deux belles rosaces.

Balustrade, frise et corniche sont vraiment décoratives.

La bibliothèque de la Cour, y compris les ouvrages relégués à l'étage supérieur, contient bien près de 8000 volumes.

Cabinet du Procureur général.

Cette pièce, qui, à l'origine, servait de salle du Conseil à la chambre des requêtes, est fort belle.

Sa décoration blanche et or et les tentures grenat sombre de ses panneaux produisent, par leur contraste, un effet harmonieux.

Son plafond est orné de cinq caissons et deux cartouches. Le compartiment du milieu, de forme octogonale, renferme une peinture allégorique, en grisaille, représentant le Temps soulevant un voile sous lequel des criminels se dissimulaient. Il les montre à la Justice qui, du haut d'un nuage, assistée de l'Égalité, sous les traits d'une femme portant un triangle, et de la Vengeance, sous la forme d'une furie, les regarde impassible et sereine. A droite Mercure, le dieu du rapt, enlève une femme et s'envole dans la nue.

Les caissons des quatre angles, de forme circulaire, contiennent une rosace sculptée et sont cerclés d'une couronne. Des arabesques dorées et des fleurs, en relief, remplissent le champ des cartouches.

Les parois de la salle sont divisées en panneaux d'appui, décorés de capricieuses peintures, et en panneaux de cimaise, encadrés de rinceaux de chêne aux glands d'or. Entre chacun de ces panneaux se dresse un pilastre corinthien cannelé, et entre les chapiteaux courent de luxueuses arabesques en bois doré. Des consoles, alternant avec des fleurettes rosacées, soutiennent la corniche.

Au milieu de la paroi sud existe une large et haute cheminée en marbre noir, surmontée d'un chambranle en bois, richement sculpté de feuilles d'acanthe et de branches de rosier. Ce chambranle supporte un trumeau sur lequel se détache le portrait du procureur général Louis René de la Chalotais, vêtu de sa robe rouge de magistrat[1]. De chaque côté, belle chute de fleurs et de feuillages sculptés et dorés.

Deux portes, à panneaux décorés de corbeilles de fleurs et d'arabesques, peintes à l'huile, flanquent symétriquement la cheminée. Dans l'embrasure de la fenêtre, autres panneaux ornés de peintures, fort médiocres, et entre autres, d'une figurine de la Justice, assise sous un dais, et d'un Atlas supportant le globe céleste. Les retouches violentes qu'elles ont subies sont très défectueuses.

Le joyau de cette salle est une délicieuse armoire Louis XIV, blanche, aux angles gracieusement arrondis, rehaussée de sculptures dorées, sobres, légères et d'un goût exquis, avec couronnement d'acanthes.

(1) Copie par Logerot, remontant à 1833, Arch. départ., U liasse 53.

CABINET DU PROCUREUR GÉNÉRAL.

CHAPITRE VI

La Grand'Chambre.

Nous sommes au 16 octobre 1901. C'est jour de rentrée au Palais; dans quelques minutes la Cour tiendra son audience solennelle. Déjà, sous le merveilleux plafond dessiné par Errard, en 1656, et dont les années suivantes il dirigea l'exécution[1], ont pris place dans la grand' chambre : le préfet d'Ille-et-Vilaine, les présidents des tribunaux civil et de commerce, le recteur de l'Académie, les officiers délégués par le général commandant le Xe corps d'armée, les magistrats des

(1) Voir page 13.

divers tribunaux, en robe, et les hauts fonctionnaires des administrations locales. Déjà sont à leurs bancs les avocats d'un côté, les avoués de l'autre, et, au pied de l'estrade, le personnel des greffes. Bientôt, d'une voix retentissante, le doyen des huissiers-audienciers annonce : la Cour ! et, revêtus du costume officiel des grands jours, entrent par la petite porte située sous la logette, M. le premier président Maulion, les présidents de chambre, les conseillers, M. le procureur général Roullet, ses avocats généraux et ses substituts. La Cour s'est installée dans les fauteuils qui lui sont destinés, face au public, et, dans le superbe décor de la salle, le spectacle est grandiose.

Au banc du parquet, M. l'avocat général Lacouture s'est levé, un manuscrit à la main. Pour satisfaire aux prescriptions du décret de 1810, dans un langage magnifique, il se livre à une incursion rapide sur l'histoire générale du Palais et, en particulier, sur les événements considérables, et parfois si dramatiques, qui se déroulèrent dans l'enceinte de la grand'chambre.

J'écoute, charmé, ses beaux développements ; mais j'éprouve, en même temps, un certain serrement de cœur. C'est, en effet, une partie du sujet que, depuis plusieurs mois, je fouillais dans ses moindres détails qui se traite avec maëstria. Qu'allaient devenir mes longues et consciencieuses recherches sur le Palais ? Le rêve que j'avais formé de les condenser et de leur donner vie devait-il s'évanouir à jamais ? Eh bien, non ! Vous vous êtes attardé le long du chemin, Monsieur l'avocat général ; vous avez marivaudé avec l'ombre de Madame de Sévigné ; vous lui avez décoché madrigal sur madrigal, plus galants, plus raffinés les uns que les autres ; vous avez coqueté avec dame Justice et sa sœur cadette la Pitié, et alors, le temps vous a manqué pour épuiser votre thème. Vous en avez cueilli seulement les fleurs les plus belles, dédaignant des gerbes précieuses. La moisson sera donc abondante encore, pour qui vient glaner après vous ; et, si vous avez en partie défloré mon sujet, je dois presque m'en réjouir, car vous avez donné du tableau qui orne si magnifiquement le plafond de la grand'-chambre, une remarquable description dont j'ai la bonne fortune de pouvoir m'emparer. La page est superbe ; elle vaut certes une réédition.

Peintures du plafond.

« Au centre de lambris splendidement ouvragés et ruisselants d'or, Coypel, avec son coloris puissant et son sentiment remarquable du grand dans la composition, a représenté la Justice.

« Elle est assise sur un trône au dessus de nuages ; un nimbe d'or entoure sa tête ; elle est toute belle et toute chaste aussi ; ses traits sont fins et délicats ; sa figure respire la douceur ; de la main droite elle montre le ciel ; elle tend la main gauche à l'Innocence, son geste est bienveillant et son regard est bon, mais son front est plein de hautes pensées et de rêves d'idéal ; placée au dessus des nuages que font les passions humaines, elle contemple le soleil immaculé de vérité ; l'Innocence est à ses pieds à gauche ; elle a un genou à terre et la main gauche sur son cœur ; éplorée, mais en même temps réconfortée, elle fixe sur la Justice un regard ému et rassuré aussi ; on sent, en la considérant, que la confiance qu'elle prend dans l'appui de la déesse secourable lui est inspirée surtout par une vision supérieure de justice idéale dont elle est elle-même illuminée. Aux pieds de la Justice, à droite, se tient un génie, sous les traits d'un bel enfant ; de la main droite il soulève une balance, de la gauche il soutient une large et lourde épée romaine ; son regard est franc ; il est la candeur sans défaillance ; c'est la balance qu'il fixe et dont il maintient l'équilibre ; quant à l'épée, elle demeure au fourreau. »

« Plus bas et du même côté, est couché un lion énorme et puissant. Deux femmes sont près de lui ;

l'une penchée, d'une main et de haut, le tient par un léger ruban qui flotte sans presque toucher; elle approche l'autre main de la crinière pour une caresse; c'est la Bonté, c'est la Douceur; l'autre femme c'est l'Équité; elle est assise droite contre le torse fort du lion et montre la Justice; l'animal est prêt à rugir, mais il courbe la tête et s'apaise sous la caresse qu'il pressent et la douce lumière qu'il entrevoit, cédant vaincu, maîtrisé, dompté à ces influences irrésistibles. »

« De l'autre côté de la Justice et plus bas, ce sont la Fraude et les Passions mauvaises que la Sagesse et la Science, sous les traits de Minerve, mettent en fuite et qui disparaissent épouvantées dans les ténèbres. »

« Ainsi apparaît la Justice dans cette soffite symbolique, œuvre magnifique d'un peintre qui se révèle poète en même temps; elle est faite à la fois de pensées supérieures, de douceur et de bonté. Vision d'art et de beauté, évocatrices d'idéal, inspiratrices de nobles pensées qui reposent l'âme, la réconfortent et l'élèvent. »

Cet immense tableau à huit pans (5 m 30 sur 3 m 47) est encastré dans un caisson profond, encadré d'un rinceau de feuilles de chêne doré.

Le plafond se compose en totalité de quinze caissons, en menuiserie, de formes et de dimensions différentes, ornés de riches moulures sculptées, aux plates-bandes recouvertes de délicates arabesques bleues, grisailles et or, d'un fini délicieux. Neuf d'entre eux enchâssent de magnifiques peintures allégoriques. Aux quatre coins de la salle, quatre compartiments de forme circulaire contiennent : ceux du haut, l'un, la Justice voltigeant dans les nues, arrachant son masque à la Fourberie ; l'autre, la Sincérité et la Foi du serment. Entre ces deux toiles, un petit écoinson montre la France protégeant la Justice qui, assise à ses pieds, appuie son bras sur ses genoux. Au bas de la salle, le caisson qui avoisine la fenêtre, côté orient, renferme une Minerve casquée, voltigeant dans les airs et menaçant la Violence, qui traîne un enfant par les cheveux. Comme pendant, la Justice, en tunique blanche, assise sur une nuée, rend ses arrêts, tenant d'une main son sceptre tendu et de l'autre les tables de la loi ; à ses côtés le Mensonge et la Bonne Foi. Entre ces deux peintures qui, certes, n'émanent pas du même crayon ni du même pinceau que les autres tableaux de la salle et leur sont très inférieures, un écoinson encadre une admirable toile, d'un fini idéal, représentant la France montrant le ciel à l'Innocence, sous les traits d'un tout jeune enfant qui tient une colombe.

L'ovale situé à gauche du tableau principal renferme une Pomone, drapée d'un voile ocre, allongée et accoudée sur un nuage. Elle tient une pêche dans la main et, des hauteurs de la région éthérée, semble, avec amour, contempler la terre. Près d'elle un jeune enfant, portant une colombe, adresse la parole à la déesse. Comme vis-à-vis une Flore, accompagnée de la Candeur, enfant couronné de lauriers. Elle soutient d'une main une corne d'abondance, remplie de fleurs et de fruits et de l'autre soulève un miroir.

La tradition attribue ces neuf peintures à l'huile au pinceau de Noël Coypel. Sont-elles de lui? Quelques-unes peut-être, les meilleures, bien que ce nom illustre, comme nous l'avons déjà dit, ne figure nulle part, ni sur les registres du Parlement, ni dans aucun des documents rennais du XVIIe siècle. A-t-on retrouvé la signature de cet artiste célèbre, lors du rentoilage et de la restauration de 1859? Je l'ignore. Ce qui est certain, c'est que le Parlement traita directement avec Charles Errard, le futur directeur de l'école de Rome, pour la décoration complète de la salle, y compris les tableaux du plafond; qu'au génie de ce Nantais est due la conception première de ces peintures, ainsi que l'ornementation générale; qu'il en soumit en partie les croquis, le 27 juin 1656, à la Cour assemblée en réunion plénière; qu'enfin il dirigea et exécuta de 1656 à 1665 les travaux confiés à son talent et à ses soins[1]. Errard eut-il recours à son collègue de l'Académie de peinture pour l'exécution de quelques-unes des toiles? C'est fort possible, d'autant que Noël Coypel lui avait déjà prêté et lui prêta, dans la suite, son concours pour la décoration du Louvre, des Tuileries et du palais de Fontainebleau; mais aucune preuve de cette collaboration n'existe à ma connaissance.

Camaïeux du plafond.

Entre ces peintures magnifiques se cantonnent, en écoinsons, des camaïeux sur champ d'or, peints sur bois. Celui du nord-est représente la Justice, les bras ouverts, assise sur un trône élevé, ayant à ses pieds, à gauche, une veuve qui l'implore pour ses deux orphelins, et, à droite, une autre femme qui lui offre un cœur. Celui du nord-ouest figure la Justice rendant un arrêt. Deux génies lui présentent les vélins portant écrite la sentence. Au pied du trône deux femmes sont assises près de chimères qui hululent. Celui du sud-est nous montre une Minerve casquée, siégeant sur un trône, étendant le bras droit vers une prisonnière aux mains liées; du

(1) Reg. secr. n° 206, f°s 34, 53, 55, 59, 60; n°s 212 et 214, f°s 18 et 38; n° 224, f°s 84 et 85; discours de rentrée du premier président Boucly, année 1859.

côté gauche, autre femme les mains attachées derrière le dos. Enfin, celui du sud-ouest reproduit, de nouveau, la Justice proposant son intervention à deux femmes qui la repoussent.

Deux autres caissons elliptiques, placés au nord et au sud du tableau central, contiennent sur fond vert-martin, les armes richement sculptées et dorées de France et Bretagne, accouplées sous la couronne royale et encadrées de grappes de génies (1).

LAMBRIS ET LEURS PEINTURES DÉCORATIVES.

De riches lambris, recouverts de fines peintures dont Errard donna les dessins ou qu'il exécuta lui-même avec une rare habileté, garnissent les embrasures des fenêtres et ornementent les portes. L'art décoratif du XVIIe siècle s'est concentré tout entier dans cette enceinte merveilleuse, digne rivale des salles somptueuses du Luxembourg et de Fontainebleau.

Sur le panneau gauche de la porte d'entrée, on ne peut se lasser d'admirer une muse, en danse, vêtue d'une tunique rose et tenant délicatement entre les doigts une étroite banderolle bleue ; et, sur le panneau droit, une autre muse, à la tunique bleue et à

(1) Restauration datant de 1820. Reg. des délib. de la Cour, 21 décembre 1820.

l'écharpe rose soulevées par le vent, qui emporte dans un voile léger une jonchée de fleurs. Au-dessous de ces jeunes femmes, grimace un mascaron, coiffé d'acanthe, dont le masque fantaisiste servirait, s'il était utile, de repoussoir aux formes gracieuses et sveltes des filles de Mnémosyne.

Sur les portes situées au fond de la salle, Errard a représenté : la Victoire, sous les traits d'une déesse debout, couronnée de lauriers, ayant une lance à la main ; la Vérité, au front surmonté d'un soleil rouge, tenant un miroir dans la main droite et, de la gauche, élevant en l'air un sablier ; le Travail, figuré par une jeune femme qui, les bras tendus, soutient un van au-dessus de sa tête ; enfin, une femme les pieds sur des flammes, les bras tendus, l'écharpe et la tunique voltigeant.

Les panneaux supérieurs et inférieurs de ces portes sont ornés d'une tête d'enfant d'où rayonnent de capricieuses arabesques.

Pour compléter le décor, Errard a disposé au-dessus de ces deux portes, des tableaux, en grisaille d'or, représentant l'un la Méditation, l'autre la Charité offrant son cœur, encadrés d'un rinceau octogonal et d'ornements dorés, en relief sur un fond vert-bleu, et surmontés d'une tête d'Apollon.

Les lambris des fenêtres sont également décorés de sujets symboliques ou mythologiques, si en faveur au grand siècle, et de semis de fleurs de lis d'or sur champ bleu-de-France, entourés d'arabesques or et azur.

Voici la description des figurines de ces lambris. Première fenêtre, du côté de la rue Hoche, au sommet, un médaillon représentant sur fond d'or, une jeune fille en tunique grecque, de couleur verte, assise sur un tapis, indiquant l'heure que marque une pendule; sur le panneau gauche, la Force casquée, tenant une massue; sur le panneau droit, une femme casquée, aux seins armurés, contemplant son visage dans le miroir qu'elle tient à la main. Autour de son bras gauche s'enroule un serpent.

Deuxième fenêtre : au sommet, médaillon représentant la Coquetterie, femme mi-allongée, drapée de mousseline, seins, jambes et bras nus, contemplant un collier de perles qu'elle lève en l'air. Près d'elle, un vase et divers bijoux. A gauche, la Victoire, femme assise, tenant en l'air une statuette d'or, et indiquant du doigt, sur un globe terrestre posé sur son genou, un point précis, la France. A droite, la Paix, femme couronnée de laurier, vêtue d'une tunique jaune et d'une jupe bleue en mousseline, assise les jambes croisées, portant un rameau d'olivier.

Troisième fenêtre : au sommet, dans un médaillon ovale, une jeune fille à demi couchée. A gauche, la

Littérature, femme mûre, opulente, regardant avec complaisance un coq qui admire ses appas et lui pose une patte sur la main. Cette femme tient un crayon et vient d'écrire sur des feuillets. A droite, autre femme assise, l'Art peut-être, soutenant de chaque main un tableau dont la partie inférieure repose sur ses genoux.

Quatrième fenêtre : au sommet, une femme mi-allongée, la main appuyée sur un vase renversé dont l'eau se répand sur le sol. A gauche, la Frondeuse, avec son arme où elle s'apprête à placer un projectile. A droite, la Justice, vêtue d'une tunique bleu-ciel, portant d'une main ses balances et de l'autre un glaive.

Cinquième fenêtre : au sommet, une femme assise, les deux mains croisées sur la poitrine. A droite, une liseuse, s'éclairant au moyen d'un faisceau de flammes qu'elle lève au-dessus de sa tête. A gauche, une femme assise portant sur le bras une colombe.

Toutes ces figurines sont abritées par un dais à baldaquin et sont encadrées d'arabesques dorées et de tiges de fleurs azur, du plus joli effet.

Bientôt seront dégagées les deux fenêtres du côté ouest, actuellement masquées par la tenture, et des ornements, dus au pinceau du décorateur Lavieille, pareront leurs lambris.

Grand'chambre du Parlement de Bretagne.

Une frise décorée d'arabesques, ciel et or, d'un aspect gracieux, règne tout autour de la salle. Les lambris à hauteur d'appui sont ornés de peintures, de feuillages et de médaillons contenant figurines et bas-reliefs.

Enfin, un écusson losangé argent et sable, portant hermines et lis d'or, encadré de palmes et surmonté d'une haute couronne royale, couvre la petite porte située sous la tribune nord-est. Un génie ailé, mal restauré, debout au milieu de palmes, orne le panneau qui surmonte cette porte.

TRIBUNES.

Deux petites tribunes ou logettes qui surplombent, l'une la porte principale, l'autre la porte d'entrée des magistrats, parent aussi, de la façon la plus pittoresque et la plus imprévue, l'antique salle du Parlement. Décorées de pilastres, de moulures en bois, d'une corniche surmontée d'urnes ou de cassolettes flamboyantes, de figurines, de lis, d'hermines, d'acanthes aux nuances délicates et de filets d'or sculptés, elles contribuent à rehausser l'ornementation générale.

Installée dans la plus grande, Anne d'Autriche, rapporte la légende, aurait assisté à une audience solennelle du Parlement. C'est de la fantaisie pure.

La reine-mère mourut un an à peine après l'achèvement des travaux de la grand'chambre ; elle ne voyageait plus, dans les dernières années de son existence, et, par ailleurs, l'histoire locale n'a jamais relaté son passage dans notre ville.

L'autre — et ce récit mérite plus de créance — aurait été, parfois, honorée de la présence de Madame de Sévigné qui se rendait au Palais, accompagnée de Madame de Marbœuf ou de la duchesse de Chaulnes, pendant ses fréquents séjours à Rennes, pour « ouïr un mémoire de son cousin de Montmoron, ou bien quelque rapport sur les réformations de la noblesse, élaboré par le conseiller Descartes [1]. »

LES TAPISSERIES.

Entre les lambris d'appui, les croisées, les portes et la frise, de précieuses tapisseries de haute-lisse tendaient à l'époque fastueuse du Parlement, les murs de la grand'chambre. Elles furent lacérées, volées, brûlées, nous l'avons dit, en 1790.

Sous le premier empire, on les remplaça par un papier bleu, agrémenté d'une bordure jaune, qui, en 1842, tombait en lambeaux [2].

(1) D'HAUCOUR, *Bulletin de la Société archéologique.*
(2) Arch. départ. Rapport de l'arch. Richelot du 4 févr. 1842.

Les ministres de Charles X avaient promis, pour la salle, des tapisseries des Gobelins ; mais le gouvernement de juillet ne tint pas l'engagement [1], et, malgré les démarches pressantes du préfet et de M. de Kerbertin père, premier président, la Cour ne put rien obtenir de l'État.

En 1859, après la visite que fit au Palais l'empereur Napoléon III, on se décida, enfin, à décorer les murs d'une tenture plus décente. Par décision du ministre de l'Intérieur portant la date du 20 avril, le peintre-décorateur Charles Chauvin fut chargé, moyennant 6 600 francs, de l'exécution de la toile peinte qui, à l'heure actuelle, recouvre les parois de la salle. Le travail à peine commencé, M. le premier président Boucly, se faisant l'écho d'un sentiment unanime, protesta, mais en vain, contre le mauvais effet de ce genre de décoration. Rien de plus choquant, en effet, que cette tenture criarde, avec son fond lie de vin, ses écussons d'azur ou d'argent revêtus de la lettre N ou d'hermines, ses abeilles d'or et ses fleurs de lis sur croisillons, mélange disparate qui jure affreusement avec les teintes atténuées et délicates de l'ornementation générale et le caractère décoratif de l'ensemble de la salle.

Mais, d'ici quelques années, cette toile, brossée à

(1) Arch. départ. Lettre du préfet du 24 oct. 1840, liasse 7U5.

l'aide de matrices, fera place aux artistiques tapisseries des Gobelins, promises par la direction des Beaux-Arts et dont l'une, celle qui décorera le fond de la salle, est déjà sur les métiers de la manufacture nationale. Reproduisant une délicieuse maquette du peintre Toudouze, cette tapisserie représentera la réception par Charles VIII de sa jeune et blonde fiancée, Anne de Bretagne, à l'entrée du château de Langeais, la veille de la célébration de leur mariage.

Voici la description que nous en avons faite, après la cérémonie du 28 octobre 1901 (1), et que M. Simon a reproduite dans son Annuaire de 1902 :

Anne « la gente brette », en somptueuse toilette de brocard, au corsage fourré d'hermines, arrive devant la porte principale du château, montée sur une blanche haquenée, richement caparaçonnée, sous un dais, aux armes de Bretagne, porté par des pages. Derrière elle, sa suite composée de cardinaux, de seigneurs bretons et d'hommes d'armes nombreux dont on aperçoit les casques et les piques.

Au premier plan, à gauche, de gracieuses jeunes filles agenouillées tendent vers la souveraine des palmes, des couronnes et des fleurs.

Charles VIII, sur un superbe cheval drapé, vient

(1) Voir page 120.

de franchir le pont-levis du château. Il s'avance au-devant de sa fiancée, et, la toque à la main, il salue d'un geste large celle qui lui apporte en dot, avec sa jeunesse et son charme, le plus grand duché de France, la Bretagne. L'archevêque de Tours, des évêques, les princes du sang, des trompettes, des hérauts, des hommes d'armes font cortège au roi.

A droite, une vieille femme est assise sur un banc et contemple ce brillant spectacle. A ses pieds, une enfant du peuple, sa petite-fille, reste en extase les mains jointes devant sa future souveraine; près d'elle gambadent les deux levriers du fils de Louis XI.

Le sol est jonché de palmes et de roses.

Comme fond de tableau, le peintre a reproduit une partie du mur d'enceinte, les grosses tours et la porte enguirlandées du château féodal, au fond de laquelle, dans une trouée de lumière, apparaît le profil de la chapelle où le lendemain les fiancés échangeront un serment solennel.

Au sommet du tableau, les armes de Bretagne et de France surmontées de la couronne ducale et soutenues par deux anges agenouillés. Entre les deux écus, vol de trois colombes.

Au bas, une Renommée, au visage aimable, couronnée de lauriers, les ailes déployées et le bras gauche tendu, s'appuie, avec grâce, sur une banderolle où se lit, en lettres gothiques : Mariage d'Anne, duchesse de Bretagne, et de Charles VIII. La réception au château de Langeais MCDXCI (1491).

Deux banderolles situées aux angles supérieurs portent les noms des seigneurs qui négocièrent le mariage : Louis de Châlons, prince d'Orange ; Philippe de Montauban, chancelier de Bretagne ; le sire de Guémenée ; le sire de Coëtquen, grand-maître du duché, du côté breton ; Louis, duc d'Orléans ; Pierre, duc de Bourbon ; Charles, comte d'Angoulême ; Jean, comte de Foix ; François, comte de Vendôme ; Guy de Rochefort, chancelier de France, pour le Roi.

L'encadrement est formé de médailles portant alternativement les devises : *Potius mori*, *A ma vie* et *Anne, duchesse de Bretaigne (sic)*.

Le tout forme un ensemble superbe et harmonieux de couleurs et de tons discrets.

L'artiste a été bien inspiré, le peintre habile.

Cette maquette a coûté 18 000 francs.

Pour obtenir du même peintre de nouveaux modèles, la direction des Beaux-Arts a ouvert, au mois de décembre 1901, un crédit de 40 000 francs. Dans le même but, au cours de sa session d'avril 1902, le Conseil général d'Ille-et-Vilaine a voté une somme de 34 000 francs.

Ces tapisseries en projet représenteront : 1° la mort

Fond de la grand'chambre du Parlement. — Tapisserie des Gobelins.

de Du Guesclin devant Châteauneuf-de-Randon, œuvre qui couvrira entièrement la paroi située derrière les sièges du Premier Président, des présidents de chambre et des conseillers-doyens de la Cour; 2° le sacre, dans la cathédrale de Dol, de Noménoé, roi des Bretons; 3° l'entrevue de Jeanne d'Arc et du connétable Arthur de Richemont; 4° le combat des Trente, sur la lande de Mi-voie, entre Josselin et Ploërmel; et, enfin, deux sujets tirés de la mythologie bretonne : soit Tristan et Yseult, soit l'enchanteur Merlin et Viviane, sa mie, sous les ombrages de la forêt de Brocéliande, soit la fuite du roi d'Is et de sa fille Dahut, après la rupture des digues de la baie des Trépassés.

D'après le devis estimatif, ces tapisseries qui seront concédées gratuitement par l'État au Palais de Justice, reviendront, à raison de 3 000 francs le mètre superficiel, à environ 600 000 francs.

Lorsque la grande œuvre entreprise sera terminée, lorsque ces splendides tentures s'étaleront dans toute leur beauté au milieu des lambris superbes et des peintures merveilleuses qui existent déjà, la grand' chambre du Palais de Justice de Rennes deviendra l'enceinte judiciaire la plus somptueuse, la plus belle, la plus artistique du monde entier.

Ancienne destination de la salle. — Ses restaurations.

Grand'chambre civile au temps du Parlement[1], elle servait aussi, comme elle sert aujourd'hui à la Cour d'appel, de lieu de réunion pour les audiences solennelles et les assemblées générales.

Elle fut, par intervalle, tant que l'École de droit demeura au Palais, affectée au service des assises, dès que l'importance des affaires, le nombre des témoins ou l'affluence présumée du public l'exigeaient, et son ornementation souffrit étrangement de cette destination nouvelle. Aussi, après l'achèvement des travaux de la salle d'Assises actuelle, fallut-il procéder à la réfection complète des encollages et fonds d'apprêt de la grand'chambre, retoucher les arabesques, lessiver les dorures, les recoucher en maints endroits, réchampir les filets, revernir les tableaux, rentoiler ceux des angles sud-est et sud-ouest. Cette restauration, commencée en 1858 par le peintre Gondar, lui fut enlevée, quelques mois après, parce qu'il employait, pour redorer moulures et sculptures, de la poudre de cuivre, au lieu de feuilles d'or véritable. Par ailleurs, il exagérait par des retouches violentes et par un vernis accentué la teinte, adoucie par

(1) Salle où se jugeaient les affaires plaidées.

l'action du temps, des figurines, cartouches, mascarons et arabesques des lambris[1].

Il y avait donc urgence à confier à un artiste plus habile et plus expérimenté la continuation du travail. Il fut parachevé, en 1859, par le peintre Charles Chauvin.

La salle mesure 20^{m} 40 de longueur, 10^{m} 65 de largeur et 7^{m} 20 d'élévation. Le prétoire et l'estrade des magistrats, des avocats et des avoués occupent les deux tiers de la pièce que coupe une balustrade pleine, fort belle et remarquablement sculptée, établie en 1859.

Au courant de l'année 1887, M. Laloy a fait exécuter, pour la protection et la consolidation du plafond et du plancher de cette salle magnifique, des travaux importants, et remplacer, au-dessus, les poutres en bois, dont deux étaient rompues, par des poutres en fer.

Entre la grand'chambre et la première chambre civile existe, actuellement, un vestiaire où se trouve la galerie donnant accès à la petite tribune. Il sera transformé, d'ici peu de temps, en salle de délibérations. On cantonnait les témoins dans cette pièce, quand la Cour d'assises tenait ses audiences dans la grande salle du Parlement. Accusés et gendarmes, durant les suspensions, s'installaient dans le vestibule.

(1) Archiv. départ., liasse Palais, 7U6, années 1858 et 1859.

CHAPITRE VII

La Première Chambre civile.

DURANT l'existence entière du Parlement, cette pièce servit de salle du Conseil aux magistrats attachés à la grand'chambre.

Sa décoration est magnifique et d'une admirable exécution. Elle fut entreprise, en 1669, pour les travaux de menuiserie d'art et les sculptures, et, en 1694, pour les peintures et les dorures. En effet, le 21 juin 1669, Pierre Dumesnil, maître-menuisier, et François Gillet, maître-sculpteur, passaient marché, moyennant 7 300 livres, pour l'exécution des lambris et du plafond, avec les conseillers du Parlement chargés d'aviser à la décoration du Palais. Ce premier travail achevé, la Commission parlementaire chargea Jouvenet, une des célébrités de l'Académie royale, d'orner la salle de peintures allégoriques, et l'artiste répondit par la curieuse lettre du 8 décembre 1694 dont l'original existe aux archives du Parlement.

Décoration générale.

Partout l'or, aux reflets atténués par la patine du temps, recouvre de superbes sculptures fouillées dans le chêne. Chaque panneau, encadré d'un opulent rinceau de feuillage, est séparé par des pilastres cannelés et dorés que couronne un riche chapiteau corinthien. Un entablement également doré, composé d'une architrave, d'une frise et d'une corniche, repose sur ces pilastres. La frise est décorée alternativement d'hermines et de fleurs de lis entre lesquelles circule une guirlande de palmes.

De la plinthe à la cimaise, ainsi qu'aux embrasures des fenêtres, existent de riches lambris revêtus de gracieuses et délicates peintures : vases, fleurs, arabesques, palmes, sur champ d'or, exécutées, d'après les modèles de Jouvenet, « par les plus habiles hommes de France[1]. » A la partie centrale

(1) Arch. du Parl., lettre de Jouvenet au Parlement du 8 décembre 1694.

Première chambre civile.

des panneaux de chaque fenêtre se détache, sur un fond d'or, soit l'écu de France d'azur à trois lis d'or, sommé de la couronne pleine et des attributs royaux, soit l'écu de Bretagne d'argent à dix hermines de sable.

La monumentale cheminée, en marbre noir, est surmontée d'un attique formé d'un soubassement de grandes feuilles d'acanthe dorées supportant deux pilastres corinthiens sur lesquels repose partie de l'entablement qui se profile tout autour de la salle.

La porte, au chambranle formé de rinceaux dorés, est couronnée par un attique de palmes retombantes. Ses panneaux, à fond d'or, sont recouverts de chatoyantes et gracieuses arabesques de couleurs.

Au-dessus de cette porte, le décorateur a placé un riche encadrement sculpté, à chutes de roses et de feuillages, surmonté d'un aigle, en bois doré, aux ailes déployées, remontant à 1695 (1). Dans la circonférence que l'on aperçoit au-dessus de la corniche existait une tête de Charité, détruite pendant la période révolutionnaire (2).

Un caisson octogonal, encadré d'une guirlande de chêne touffue, forme le centre du plafond. Aux quatre angles s'enfonce un caisson ovale. Entre ces compartiments, brillent, ruisselants d'or, des écus-

(1) Marteville, *Dictionnaire de Bretagne*, v° Rennes.
(2) *Magasin pittoresque*, année 1866.

sons, mi-partie France, mi-partie Bretagne, sommés de la couronne pleine, cerclés du collier du Saint-Esprit et soutenus par quatre génies, ou bien des couronnes royales, entourées de palmes et de guirlandes. Des bandes peintes, en marbre vert jaspé, séparent chaque caisson, chaque panneau doré.

La quantité de feuilles d'or employée pour revêtir les sculptures de la première Chambre représente, au poids, plusieurs milliers de francs.

Peintures.

C'est dans cette soffite superbe que Jouvenet encastra les peintures, célèbres dans la France entière, que lui avait commandées le Parlement. L'artiste a fait lui-même, dans sa lettre du 8 décembre 1694, la description de son œuvre. Nous la reproduisons en partie, avec quelques-uns des naïfs et très curieux commentaires qui l'accompagnent, tout en y apportant, quant au style, de légères modifications. « Le grand tableau est de forme octogonale. La Religion en occupe le milieu, tenant d'une main un calice. Elle est placée sur une espèce de trône. La Justice s'appuie sur elle, munie de sa balance et de son autre attribut : la main, « parce que la justice des hommes est fort imparfaite, quand elle n'est pas appuyée sur la religion ». A droite, se tiennent l'Autorité et la Vérité ; à gauche, la Raison et l'Éloquence. Au-dessus de la Raison, les génies de la Renommée publient les décrets de la Justice. Au bas du tableau, la Force chasse, par ordre de la Justice, l'Impiété, la Discorde, la Fourberie et l'Ignorance. « L'Éloquence a un rouleau à la main. Son air, son attitude et la persuasion peinte, pour ainsi dire, sur ses lèvres et dans ses yeux, font connaître aisément ce qu'elle est.

« La Raison se reconnaît à son air grave et sérieux. Elle s'appuie sur un lion pour donner à entendre que c'est elle qui réduit ce qu'il y a de plus féroce. »

La Fourberie tient à la main le masque qui lui a été arraché : sa figure est hideuse.

« Le premier des quatre ovales représente l'Étude, dépeinte par un jeune homme qui écrit à la clarté d'une lampe. Il a près de lui, un coq qui marque sa viligance et son activité. Il est accompagné des génies et des amours des sciences. »

Le deuxième symbolise la Connaissance ou la Science humaine, sous les traits d'une femme casquée qui tient d'une main un flambeau, de l'autre une horloge de sable. « Un génie soutient un livre ouvert qu'il lui présente, pour exprimer que la Connaissance a besoin de beaucoup de lumières et du secours des bons livres pour se faire de belles idées. » Le sablier indique le bon usage qu'il faut faire du temps.

Dans le troisième ovale se campe l'Équité, femme « d'un air majestueux » tenant d'une main une couronne et de l'autre un sceptre. Des génies portant : l'un une couronne, les autres une statuette, un sceptre, une chaînette, l'entourent « pour signifier qu'elle honore et qu'elle récompense plus volontiers qu'elle ne punit, rendant néanmoins à chacun ce qui lui appartient. »

Le quatrième ovale, enfin, offre aux regards la Pitié, femme ailée extrêmement belle, dont la tête est entourée du feu divin. D'une main elle répand le contenu d'une corne d'abondance, que soutient un génie. « Elle met la main sur son cœur pour montrer l'ardeur et la sincérité de son âme. Elle est accompagnée d'un génie, qui s'abrite sous son voile, pour signifier qu'elle est inséparable de l'innocence et de la vérité. » Ces peintures sont des chefs-d'œuvre.

Aux deux côtés de la porte d'entrée, Jouvenet a peint sur « des montants ou bandes » une grappe d'amours ou de petits génies ailés qui jouent, en grimpant, dans des poses on ne peut plus gracieuses, le long des cordes enguirlandées d'une suspension pleine de fleurs, fixée à la rosace d'un plafond et soutenue par un quatrième enfant qu'un autre porte dans ses bras ou sur ses épaules.

On estime à plus de 20 000 francs la valeur de ces deux montants (1).

TAPISSERIES.

Le plafond, avec ses peintures hors ligne ; les parois de la salle, avec leurs sculptures, leurs dorures et leurs fins lambris, formaient un cadre merveilleux ; mais à ce décor il manquait une dernière parure. Les tentures en damas, laine et soie, des panneaux, remontant à 1845 et décolorées par l'effet du temps, ne répondaient pas aux magnificences prodiguées dans la pièce. Il fallait enchâsser dans cette délicieuse monture les plus belles productions de l'art contemporain. M. Laloy, l'habile architecte du département, sut attirer l'attention sur le monument confié à ses soins, et, grâce au précieux concours de M. Roujon, directeur des Beaux-Arts, il enleva, pour son Palais, à la Commission de la manufacture nationale des Gobelins, une décision conforme à ses conceptions artistiques et à ses désirs. Il établit un projet général ; M. Joseph Blanc brossa les maquettes des tapisseries demandées ; M. Bideau, un artiste des Gobelins, dessina les fleurs, et les tapissiers de la manufacture exécutèrent les modèles.

(1) POULIZAC, avoc. gén. *Discours de Rentrée*, année 1859.

La première tapisserie, à gauche en entrant, représente, sous les traits d'une jeune femme brune, la Force, assise sur un nuage, les jambes croisées. Une cuirasse ceint le torse; une écharpe flotte sur les épaules. La jupe rouge, bien drapée, bien en relief, laisse apercevoir le bas des jambes et les pieds nus, chaussés d'une sorte de guêtres brodées, de teinte verte. Le bras gauche repose sur le manche d'une massue que soutient la main droite. D'un côté, un enfant représentant la Faiblesse appuie sur sa puissante protectrice la tête et le bras; de l'autre côté, se tient un second enfant vers lequel la déesse dirige son regard bienveillant.

La tapisserie qui fait pendant personnifie la Charité. C'est une jeune femme blonde, drapée dans une tunique vert-d'eau et dans un manteau flottant, de nuance ocre. Elle est assise sur la nue et soutient du bras droit un jeune enfant. A sa gauche, un autre enfant, accroché à son cou et à son bras, lui donne un baiser. Enfin, un troisième enfant, blotti contre elle, dort à l'abri de son manteau.

En face de ce panneau, près de la fenêtre, côté est, la Justice, debout, tenant sa balance de la main gauche et son glaive de l'autre main. Elle est vêtue d'une tunique blanche et d'un manteau flottant, vert mousse, doublé de soie rose.

Cette tapisserie mesure 3^{m} 12 de hauteur et 1^{m} 50 de largeur. Elle revient à 10 033 fr. 70 [1].

Lui faisant pendant de l'autre côté de la fenêtre, une quatrième tapisserie, mesurant 3^{m} 12 de hauteur et 1^{m} 70 de largeur, revenant à 12 371 fr. 86. Elle représente la Loi, qui descend du sommet d'un nuage, vêtue d'une tunique bleue et drapée d'un manteau rouge doublé de brocart d'or historié. La déesse tient ouvert, de la main droite, le livre de la loi où se lit : *in legibus salus*, et de l'autre la main de justice. Les draperies du manteau et de la doublure sont admirables de relief et de coloris.

La Morale et l'Éloquence, deux autres panneaux plus grands, se trouvent actuellement sur les métiers à la manufacture nationale des Gobelins. Comme celle qui décorera le trumeau de la cheminée, ces nouvelles tapisseries seront mises en place dans le courant de l'année 1904.

Restaurations.

Le plafond fut réparé en 1835 et le peintre Logerat en restaura les peintures. Il les nettoya à fond, enleva

(1) Arrêté du ministre de l'Instruction Publique et des Beaux-Arts du 14 novembre 1900 qui l'affecte à la première Chambre du Palais de Justice.

l'ancien vernis fendillé, absent même par endroits, et en appliqua un nouveau [1].

Dès 1829, il fut question pour cette salle d'une restauration complète. M. Caristie, inspecteur général, et la Commission des bâtiments civils avaient approuvé les plans et devis; une décision ministérielle admit, en principe, l'exécution des travaux proposés; mais advint la révolution de 1830 et le projet fut abandonné.

Il fut repris en 1869. Toutefois, ce n'est qu'en 1890 pour le parquet et, en 1894, pour le surplus que M. Laloy obtint l'autorisation d'entreprendre le travail. Il s'adressa, pour la restauration des peintures décorant les lambris, au peintre-ornemaniste Lavieille, qui exécuta, avec intelligence et avec conscience, les travaux confiés à ses soins. Les dorures sur bois et les fonds furent refaits ou complétés en maints endroits, et, pour protéger les lambris d'appui, on établit tout autour de la salle, des barres protectrices, recouvertes de velours. Ces travaux importants s'élevèrent à la somme de 23 225 francs [2].

(1) Arch. départ., liasse Palais, année 1835 et 1837.
(2) Mémoires approuvés par l'architecte.

CHAPITRE VIII

Le Christ de Jouvenet.

Une peinture admirable, tant au point de vue de l'inspiration et de la composition que du dessin et de l'harmonie des couleurs, orne splendidement, à l'heure actuelle, l'un des panneaux de la première Chambre. Sera-t-elle conservée dans cette salle, lorsque la manufacture nationale des Gobelins aura livré, complète, la riche parure de tapisseries qui décorera, d'ici deux ans, les parois de cette pièce magnifique ? Il ne faut pas y compter. Et, cependant, n'est-ce pas là pour le chef-d'œuvre de Jouvenet, l'emplacement le plus naturel ?

« Je n'ai pas envoyé de dessins du crucifix, écri-
« vait ce grand peintre, le 8 décembre 1694, à
« Messeigneurs du Parlement », parce que c'est une
« figure qui se doit peindre après le naturel ; je
« me flatte que vous aurez confiance à ma probité
« sur cet ouvrage, comme sur les autres. »

Le Parlement s'en rapporta pleinement à l'artiste, et l'artiste livra une merveille.

Jouvenet a cherché et rendu un effet de nuit.

Sur un fond sombre et mystérieux, représentant une échappée du Mont-Calvaire, surplombée par des nuages épais qui se divisent au sommet et laissent apercevoir un coin bleu du firmament, se détache livide, mais bien en relief, Jésus crucifié.

La croix plantée dans une fente de rocher, est maintenue par trois énormes pieux en bois, enfoncés comme des coins. Au pied, s'enroule le serpent terrassé. A l'horizon apparaissent dans les ténèbres les dômes de Jérusalem.

Jésus est cloué sur l'instrument du supplice. Les bras, tendus de bas en haut, semblent supporter le poids du corps, bien que les pieds, sillonnés de gouttelettes de sang, reposent, atrocement perforés, sur une console. La tête nimbée de rayons sobres et encadrée de longs cheveux bouclés, châtains-roux, est sublime. Les yeux bleus, levés vers le ciel, intercèdent, avec ardeur, Dieu le père, en faveur de l'humanité. Le visage peint la souffrance indicible de l'homme-Dieu. Le torse nu, au thorax saillant, se détache, hâve et fortement ombré d'un côté, sur la déchirure des nuages et un ciel bleu nocturne. Les extrémités du pagne flottent au vent.

La seule critique possible contre cette suave et idéale peinture consiste dans une ombre un peu trop accusée sur la jambe gauche. L'artiste, assurément, a voulu un contraste entre les deux membres inférieurs de son Christ; mais la lumière, frappant le côté gauche du torse et du flanc, aurait dû éclairer également la partie gauche de la jambe qui y fait suite. Au point de vue anatomique, il y aurait également une observation à formuler; mais ces défectuosités infimes disparaissent devant les beautés de l'ensemble et surtout en présence de l'expression sublime donnée aux traits de Jésus mourant.

La valeur de ce tableau est considérable. On l'évaluait, en 1859, à 40000 francs. Aussi maintes offres séduisantes ont-elles été faites à son sujet au siècle dernier. A diverses reprises, l'administration des Beaux-Arts a songé à l'enlever au Palais pour le transférer au Louvre ; la Ville de Rennes l'a demandé pour son musée de peintures ; mais, toujours, les premiers présidents de la Cour, gardiens jaloux de ce trésor, se sont opposés, avec énergie, à son enlèvement.

Ce tableau a son histoire. Au début de la Révolution, pour le soustraire à la déprédation et au pillage, il fut transporté et conservé au musée des Arts de la ville. Plus tard, le Conseil général de la commune de Rennes ayant accédé au désir exprimé par l'évêque, il orna, durant une vingtaine d'années, l'église paroissiale de Saint-Étienne. En 1818, la Cour royale le réclama[1], et, s'il ne fut pas réintégré immédiatement au Palais de Justice, du moins se trouvait-il à son ancienne place, dans la grand'chambre, le 8 février 1820[2]. Avant la copie qui en fut faite par Félix Roy, en 1861, il avait été transféré dans la chambre correctionnelle, derrière le bureau du Président. Le 19 septembre 1851, Jeanne Le Galache, en entendant confirmer un jugement du tribunal de Saint-Brieuc qui l'avait condamnée à trois mois de prison, lança à la tête des magistrats une poignée de cailloux et de graviers qu'elle avait ramassés dans la cour de la maison d'arrêt et dissimulés dans la poche de son tablier. Quelques-uns de ces projectiles atteignirent la toile de Jouvenet et l'endommagèrent légèrement[3].

Au mois de décembre 1853, Gondar signalait au préfet, dans un rapport, que cette toile magni-

(1) Registre des délib. de la Cour, 31 mars 1818 et 8 février 1820.

(2) *Ibid.*

(3) Arch. départ., liasse Palais, année 1851.

fique offrait, à son plus haut degré, la maladie dite « lever » ; qu'elle était menacée d'une destruction prochaine et qu'il y avait urgence à la restaurer. Chargé de la retouche et du rentoilage des tableaux de la grand'chambre, ce peintre se permit, sans autorisation aucune, au cours de l'année 1859, de réparer et de revernir le Christ de Jouvenet. Il le remit en place, présenta une note de 480 francs, et l'on s'aperçut, alors, d'une déchirure des plus regrettables qu'il lui avait faite en le restaurant[1].

(1) Arch. départ., liasse Palais, années 1857 et 1858.

CHAPITRE IX

Seconde Chambre civile.

La seconde Chambre de la Cour, où siégeaient, au temps du Parlement, les magistrats composant la Chambre des enquêtes[1], fut décorée par Ferdinand, à partir de l'année 1706.

Si les peintures de ce maître ne peuvent soutenir la comparaison avec celles de Jouvenet et celles attribuées à Noël Coypel, à Charles Errard et à ses disciples, elles ont cependant leur mérite et sont dignes de remarque.

Le tableau principal, de forme elliptique, situé au centre du soffite, représente la Religion. Son

(1) MARTEVILLE, *Diction. de Bret.*, v° Rennes, et plans du Palais, conservés aux arch. départ., liasse Palais.

visage rayonne de douceur et de sérénité. Assise sur un nuage, elle tient ouverte les tables de la loi, et, de la main droite, montre la Force, sous la figure d'un ange armé qui fait exécuter ses arrêts. Son génie l'assiste. Au dessous d'elle, la Justice l'implore en faveur d'un orphelin qu'elle soutient et qu'un ravisseur, brandissant son flambeau trompeur, cherche à lui arracher. Un génie ailé, portant les balances, voltige au dessus de la déesse et s'apprête à lui déposer une couronne d'or sur la tête. Derrière se tient la Fourberie dont le masque est arraché. Aux pieds de la Justice, des fleurs et des fruits s'échappent d'une corne d'abondance.

Au fond des autres caissons on aperçoit : 1° à gauche, l'Abondance assistée de deux génies ailés dont l'un soutient la corne et déverse ses richesses ; 2° à droite, la Religion ayant une croix appuyée sur le bras et la main passée sous le livre des Évangiles que supporte également un génie ; 3° près de la porte d'entrée, la Loi, avec son sceptre flamboyant. Elle montre le livre du droit que porte un enfant et est assisté d'un second enfant qui répand l'eau limpide de son urne ; 4° la Vérité, à demi allongée, s'appuie sur un faisceau de licteur. Elle élève un plateau où repose un cœur. Un génie ailé l'aide à le soutenir. Au dessous d'elle, un autre génie, les yeux dirigés vers le ciel, tient dans les mains une grenade mûre.

SECONDE CHAMBRE CIVILE.

Entre ces écoinsons, dans de petits caissons circulaires sont encastrées des peintures à l'huile représentant : l'œil rayonnant de la Justice ; la balance et le glaive ; un sceptre couronné et une main de justice enlacés ; un faisceau de licteur surmonté d'une hache, d'une flèche et d'une lance, en sautoir avec une massue.

Les caissons, de formes variées, qui contiennent ces neuf toiles, sont cerclés de sculptures et de rinceaux en bois doré. Chaque rinceau est séparé par une plate-bande ornée de peintures décoratives et coupée, autour du compartiment central, par quatre soleils d'or sur champ d'azur.

Tous les lambris de la salle sont également ornementés. Des guirlandes de chêne dorées servent de chambranle aux deux portes. Sur les battants est peinte une urne débordant de fruits et de fleurs, surmontée d'un gracile baldaquin à glands et pendeloques, avec rideaux ou voiles dont les pans reposent sur d'élégants supports. L'urne est placée sur un piédestal très ornementé.

Au panneau du milieu se détachent d'un cartouche, entouré d'arabesques, les écussons de France et de Bretagne accouplés, sommés de la couronne royale.

Les embrasures des fenêtres sont lambrissées et divisées en panneaux, ornés de gracieuses peintures décoratives sur fond blanc, telles qu'un lampadaire, à la partie supérieure, et, au centre, un buste ailé de femme, la tête supportant un vase rempli de fleurs. De riches décorations encadrent ce torse. Au panneau de cimaise apparaît, à droite, une figurine de la Justice, assise sous un élégant baldaquin, et, à gauche, un Hercule, la main sur sa lourde massue et les pieds reposant sur la dépouille de l'un des bœufs de Géryon. Enfin, sur les panneaux d'appui, une coupe pleine de fruits et une ornementation du genre de celle existant sur les autres lambris.

Des pilastres sculptés, blancs et or, couronnés de chapiteaux à double volute et feuilles d'acanthe, séparent les panneaux tapissés d'un damas grenat, aux ramages cramoisis, aujourd'hui bien passé.

Une cheminée monumentale, en marbre noir, à fortes moulures, surmontée d'un trumeau flanqué de belles chutes de fleurs et de fruits, en bois doré, mais qui attend ses peintures décoratives, garnit le coté est de la salle.

Tout autour de la pièce, les lambris d'appui, encadrés de baguettes d'or, sont ornés d'arabesques sur fond légèrement rosé. Une corniche décorée de très petits modillons et une belle frise, parée de lis et d'hermines, alternant dans des médaillons que forment des guirlandes de perles enlacées, complètent l'ornementation.

Des travaux, imprudemment exécutés à la toiture,

avaient détérioré les tableaux de Ferdinand. Logerot, conservateur du musée de Rennes, fit, en 1833, une première réparation aux cinq toiles principales[1].

En 1838, un autre accident plus grave se produisit. Le feu ayant pris dans le plancher de la pièce directement située au-dessus de la seconde chambre, on ne put s'en rendre maître qu'en répandant des quantités d'eau considérables, et, ces mêmes peintures, complètement trempées, encore une fois, se gondolèrent et s'écaillèrent. On restaura plus ou moins bien, sans rentoilage, les parties détériorées, en les chargeant de glacis bitumeux qui eurent le grand inconvénient d'alourdir les tableaux.

En décembre 1853, Gondar, peintre peu habile, mais très audacieux, dont nous avons déjà cité le nom à diverses reprises, proposa de les remettre en état, moyennant 5465 francs. Fort heureusement, il ne fut pas donné suite à ses propositions. L'inspecteur général des Beaux-Arts, envoyé par le ministre, quelques années après, s'y opposa de la façon la plus formelle[2].

Mais, en 1896, M. Laloy, architecte du monument, entreprit la restauration partielle de la pièce. Après certains travaux de menuiserie et de consoli-

(1) Arch. départ., liasse Palais, année 1833. La dépense s'éleva à la somme de 630 francs.

(2) Arch. départ., rapports de décembre 1853 et du 25 mai 1860.

dation du plafond, devenus indispensables, il appela le peintre-décorateur parisien Adrien Lavieille, fit opérer des retouches intelligentes aux arabesques et aux figurines de la salle, rafraîchir les fonds, redorer les rinceaux et les sculptures, et, enfin, réparer et revernir les peintures de Ferdinand, qui étaient, à cette date, dans un triste état.

Lorsque les tentures auront été remplacées, la valeur artistique des décorations et notamment celle du tableau principal, bien supérieure aux autres, ressortira avec beaucoup plus d'intensité.

Pièces annexes.

Entre cette salle et l'escalier nord-est, existent trois pièces dont deux servent actuellement de vestiaire aux magistrats de la deuxième et de la troisième Chambres, et la dernière, celle qui s'ouvre sur l'escalier, de salon de réunion, à la fois pour les membres de la Cour et le Bureau d'assistance judiciaire. Ce salon, ancien cabinet du Premier Président, de 1833 à 1865, était autrefois la buvette du Parlement. On y voit au-dessus de la cheminée, une grisaille d'or Louis XIV, richement encadrée. Le sommelier de la buvette se tenait dans le vestiaire voisin, et le vestiaire actuel de la seconde Chambre servait de greffe à la Chambre des enquêtes.

CHAPITRE X

Cabinet du Premier Président.

SITUÉE dans le pavillon nord-ouest de l'édifice, cette pièce fut, à l'origine, la salle du Conseil des magistrats composant la Chambre criminelle du Parlement. Après la création de la Cour d'appel, elle devint la troisième Chambre civile, puis la Chambre des mises en accusation, et, enfin, postérieurement à 1864, le Cabinet du Premier Président de la Cour impériale.

En 1836, alors qu'elle était affectée au service de la Chambre d'accusation, un commencement d'incendie, dû à l'éboulement sur le plancher des tisons de la cheminée, s'y déclara[1]. La fumée envahit la salle, et les peintures du plafond et des lambris, exécutées par Errard et ses élèves de 1670 à 1674, eurent fort à en souffrir. Elles étaient du reste, à cette époque, en très mauvais état[2]. La Commission administrative de la Cour exprima le désir de les voir restaurer. Ce travail fut confié à N. Gosse, peintre d'histoire à Paris.

L'état des cinq tableaux, enchâssés dans les caissons du plafond, était si pitoyable que l'artiste se trouva forcé de les refaire en totalité. Cette reproduction coûta 20 400 francs[3]. Gosse ne voulut pas entreprendre par lui-même la restauration des grisailles, bas-reliefs, arabesques et ornements peints sur bois. Il l'abandonna, malheureusement, aux peintres-décorateurs Boudet et Pourchet[4].

Il fallut aussi réparer ou reconstituer, en partie, les sculptures, rafraîchir les dorures, remplacer les tentures. Les travaux de sculpture s'élevèrent à 12 117 francs, les dorures à 10 242 francs[5].

(1) Arch. départ., liasse 7U4, année 1838.
(2) MARTEVILLE, *Diction. de Bretagne*, v° Rennes.
(3) Arch. départ., liasse Palais, 7U4, année 1840.
(4) *Id.*, année 1836.
(5) *Id.*, rapp. arch. de Lagarde, 17 janvier 1837.

LE PLAFOND, SES PEINTURES, SES ORNEMENTS.

Le plafond est décoré d'un caisson central, ellipsoïdal, et d'écoinsons. Marteville, dans sa réédition du Dictionnaire d'Ogée qu'il a si utilement complété, a décrit, en 1838, les tableaux de Gosse, sous les yeux même de leur auteur. « La *Justice*, dit-il, préside à l'ensemble de la composition principale. Sa pose est noble et simple, son regard plein d'assurance et de calme. Elle tient sa balance de la main droite ; l'autre est armée du glaive de la loi. Derrière elle, planent dans les airs deux figures : l'une représente la *Renommée*, sonnant de la trompette, et l'autre une *Messagère* montrant du doigt les arrêts que la Justice vient de lancer contre les Crimes qui fuient dans l'ombre. Sur le premier plan, sont groupées, autour de ces figures, les trois vertus théologales : la Foi, l'Espérance et la Charité.

« La Foi, une main sur le cœur, et tenant dans l'autre un vase d'où s'échappent les fumées de l'encens, élève vers le ciel ses yeux brillants de confiance et de résignation. L'Espérance, appuyée sur l'ancre de miséricorde, paraît attendre. Son regard fixe, plongé dans l'espace, semble interroger l'avenir, et son sourire montre que toujours elle promet le bonheur. La Charité, au visage rayonnant de bonté, recueille un enfant dans ses bras. Près d'elle, un génie, découvrant son sein, indique qu'elle est pour tous une mère bienfaisante et qu'elle vole au-devant du malheur. »

Cette composition est fort belle. Le dessin et le coloris sont parfaits d'harmonie et d'art; les physionomies fines, pleines d'expression.

Les écoinsons représentent quatre femmes de grandeur naturelle. Ce sont la Paix, l'Éloquence, la Clémence et l'Histoire.

« La Paix, le rameau d'olivier à la main, ses belles ailes encore déployées, semble descendre du ciel. Les richesses que sa main se plaît à répandre expriment qu'elle est la source de la prospérité. Sa pose nonchalante respire le bonheur, et tout ce qui l'environne rappelle ses bienfaits. — Cet enfant, qui dort sur des gerbes de blé, est le symbole du repos de l'homme laborieux; cette corne d'abondance montre les résultats du travail; ce sont, aussi, les emblèmes des arts et du commerce; les drapeaux des nations amies constatent sa puissance. — Les armes de guerre qui sont à ses côtés indiquent que sa prudence les conserve en cas d'attaque.

« La Clémence, tenant une pique entourée d'olivier, indique qu'elle peut punir, mais que sa mission est de pardonner. Le beau lion, couché près d'elle, est le symbole de sa force et de sa générosité. Le

CABINET DU PREMIER PRÉSIDENT.

bouclier, orné d'une couronne royale, rappelle que la clémence est l'apanage des rois. Des enfants sont agenouillés devant elle : l'un chargé de fers représente un criminel ; et l'autre, dont l'attitude est suppliante, l'idée d'une sœur qui sollicite sa grâce avec la voix du cœur.

« L'Éloquence, revêtue des armes de Minerve, semble déclamer. Elle tient un livre ouvert, sur lequel est appuyé une lyre que soutient un jeune enfant, indiquant par ce symbole qu'elle peut plaire par la douceur de la voix, comme elle doit persuader par la force de son raisonnement. L'enfant qui l'écoute est l'image de la Persuasion.

« L'Histoire, à la figure calme et sévère, tient son burin et montre du doigt les places qu'elle réserve, sur ses tables d'or, aux hommes illustres (L'Hôpital, Cujas, Dumoulin, Pothier, d'Aguesseau, Domat, La Chalotais, d'Argentré, du Parc-Poulain, Toullier). Son génie s'apprête à les couronner. Les noms des magistrats ou jurisconsultes célèbres qu'elle a gravés indiquent qu'elle n'oublie pas ceux qui honorent la magistrature ou la science du droit. A côté d'elle sont entassées les palmes et les couronnes moissonnées par les grands hommes. Ses ailes déployées expriment qu'elle va publiant, en tous lieux, leurs actions et leur gloire. »

Entre ces caissons, encadrés de guirlandes de

chêne, et d'ornements en bois doré, prennent place quatre sculptures également recouchées d'or. Ce sont : 1° du côté ouest, sur une coquille, flanquée d'une branche de chêne et d'un rameau de laurier, et sommée de la couronne royale, l'écu de Bretagne, moucheté d'hermines et un autre écu portant ouvert le livre de l'ordre de Saint-Louis, avec la croix, une couronne d'olivier et un trophée d'étendards ; 2° du côté nord, l'œil de la Justice supporté par un caducée enguirlandé du serpent et de feuillages ; 3° comme pendant, le glaive de la Justice, passant au milieu d'une couronne d'olivier, dominé par la couronne ducale ; et, au-dessous, une main de justice et un miroir se croisant en sautoir ; 4° du côté de la cheminée, un écusson portant le livre de la loi, surmonté et encadré de balances, de palmes et d'attributs judiciaires.

DÉCORATION DES PAROIS ET LAMBRIS DE LA PIÈCE.

Une cheminée, en marbre rose foncé, fait saillie au milieu de la paroi orientale. Elle est surmontée d'un attique orné de palmes dorées et de pilastres cannelés, avec tiges feuillées dans les gorges et chapiteau dorique. De riches et opulents rinceaux de roses, de fleurs et de feuillages, forment cadre à un panneau pour lequel Gosse, en 1839, proposa de peindre « la Vérité descendant du ciel et apportant la lumière dans le sanctuaire de la Justice, accompagnée des génies de la Prudence, de l'Étude et de la Religion [1]. » Ce projet ne reçut aucune exécution.

Des panneaux tendus en damas rouge, séparés par des pilastres doriques cannelés, ornés de tiges ascendantes et descendantes, recouvrent les murailles. Une frise décorée de couronnes, avec étoile au centre, de palmes, de lis et de corbeilles de fleurs alternant, court autour de la salle.

La porte est encadrée d'un tore de chêne doré et agrémentée de peintures décoratives. Un entablement la domine, ainsi qu'un cadre accosté de belles guirlandes tombantes, composées de fleurs, de fruits et de feuillages. Dans ce cadre s'étale une assez mauvaise peinture sur bois, représentant une médaille d'or ayant pour effigie un soleil, avec la devise de Louis XIV : *nec pluribus impar*. Deux enfants nus, porteurs de palmes, s'appuient sur cette sorte de blason qu'entourent des rosaces, des palmes et des arabesques.

Les embrasures des fenêtres sont également décorées de peintures sur bois, d'un goût douteux. On remarque, au centre, un blason d'argent chargé

(1) Arch. départ. liasse Palais, année 1839.

d'hermines, ou d'azur meublé de fleurs de lis, entouré de belles guirlandes de fleurs et de coquilles en pointe. Les panneaux supérieurs et inférieurs ont pour motif une lourde coquille ornée d'une hermine. Au sommet, deux mascarons.

Des bas-reliefs, aux contours très ombrés, afin d'obtenir une apparence de saillie, sont peints sur les panneaux d'appui qui règnent autour de la salle, Ils représentent des scènes allégoriques. On y voit Minerve, la Justice, des Muses, une femme offrant un breuvage à un serpent, une femme tenant un compas. Leur restauration est défectueuse.

CHAPITRE XI

La Salle des Assises. — La Chapelle.

La Salle des Assises.

Cette pièce, de style sévère, très approprié à la destination trimestrielle de la salle, est lambrissée de chêne. Chaque panneau recouvert de belles moulures, chaque porte, chaque fenêtre sont encadrés de pilastres corinthiens dont le fût est orné d'une tige de chêne et le chapiteau de feuilles d'acanthe et de volutes. Des fleurs de lis et des hermines, enveloppées de palmes, décorent la frise, et des modillons soutiennent la corniche.

Le plafond est revêtu de compartiments à huit

pans, alternant avec des ovales, disposés symétriquement et encadrés de riches sculptures sur bois, du plus grand style. De larges bandes transversales, ornées de belles arabesques, sculptées en plein bois, et de couronnes, séparent les caissons. Dans deux d'entre eux, saillent des chiffres gothiques enlacés et couronnés. Ici et là, on aperçoit des branches de chêne et des attributs divers.

Toutes les portes sont encadrées de rinceaux de chêne. Celles du fond sont surmontées d'un ovale qui forme rinceau et d'une guirlande soutenue par deux accolades.

Ces lambris et leurs décorations sont peints en vieux chêne très foncé, la soffite en chêne plus clair.

Une excellente copie du Christ de Jouvenet, due à Félix Roy, peintre rennais, a été placée, en 1861, derrière le fauteuil présidentiel. Aux encognures se dressent de bonnes statues en bois, de grandeur naturelle, représentant la Force et la Justice.

Deux loges grillées existent au dessus de l'estrade des magistrats et permettent d'assister, sans être vu, aux tristes, mais parfois dramatiques débats qui se déroulent dans le prétoire.

La salle actuelle des Assises était appelée, tant que subsista le Parlement, la Tournelle, comme la chambre du Parlement de Paris où se jugeaient les crimes et qui reçut cette dénomination, parce que,

SALLE DES ASSISES.

dans le principe, elle se trouvait dans une petite tour, dite *tour criminelle* et par contraction tournelle. C'est dans cette enceinte que le Parlement de Rennes statua habituellement sur les affaires du petit et du grand criminel, c'est-à-dire sur les crimes et les délits.

En dehors des audiences, l'ordre des avocats s'y rassemblait fréquemment, et y tenait ses graves réunions [1].

Après la Révolution, elle servit de bureaux, d'abord au directoire du département, puis aux services de la préfecture. Elle fut ensuite le siège de la juridiction militaire, des opérations du conseil de révision, et, en même temps, du service criminel.

En 1806, on la divisa en plusieurs salles qui furent affectées aux cours et aux services annexes de l'École de droit. Elle resta en cet état jusqu'en 1855, époque où l'administration départementale entreprit sa restauration complète pour y installer définitivement la Cour d'Assises.

Alors qu'une partie de la pièce servait d'amphithéâtre aux professeurs de l'École, elle fut tapissée de papier bleu uni, avec bordure dorée, et décorée de deux écussons ainsi que de sujets dorés [2].

Entre la salle des Assises et la chapelle existe

(1) S. de la Pinelais, *Le Barreau du Parlem. de Bret.*, p. 173.
(2) Archiv. départ. liasse Palais, années 1835-1836.

une petite chambre, sans ornements, où se retirent les jurés pour délibérer sur le sort des accusés. C'était l'ancien parloir de la Tournelle.

La Chapelle.

Cette salle, dans laquelle chaque matin, du 1er février 1655 au 15 octobre 1790, un Père cordelier du couvent Saint-François célébrait une messe pour le Parlement, n'est plus affectée au culte. Elle sert de vestiaire et de chambre du Conseil aux magistrats correctionnels et de la Cour d'Assises. Pourtant, chaque année, de 1883 à 1901, l'autel y fut rétabli, le jour de la rentrée de la Cour, et les Magistrats et le Barreau y assistèrent à une messe solennelle, dite messe rouge ou du Saint-Esprit, supprimée, en 1902, par une circulaire du Garde des Sceaux.

La décoration consiste en panneaux de menuiserie, encadrés de guirlandes de feuilles de chêne dorées et séparés par des pilastres à volutes, chargés de riches, mais lourdes chutes feuillées. La frise est ornée d'hermines, de fleurs de lis et d'arabesques sculptées et recouchées d'or. Le plafond se compose de divers compartiments. Celui du centre est de forme ovale. Il est accosté de deux cadres à huit pans. Des couronnes et des écoinsons remplissent les intervalles ; de riches rinceaux dorés dessinent les compartiments.

Cette chapelle a subi, au cours de son existence, d'importantes réparations et des transformations successives.

En effet, en 1750, moins de cent ans après l'inauguration du Palais, les poutres soutenant le plancher supérieur menaçaient ruine. On les remplaça, sans repeindre le plafond et les boiseries fort endommagées par les travaux. Plusieurs membres du Parlement se plaignirent de cet état de choses ; aussi le Premier Président soumit-il à la Cour, le 21 novembre 1750, un projet de marché, dressé par un nommé Malpas, aux termes duquel ce doreur offrait, moyennant 2300 livres, de blanchir à la colle et au blanc de Paris les pleins de toutes les boiseries, de dorer les sculptures et baguettes du plafond et du pourtour, ainsi que le retable et les gradins de l'autel. La Cour accepta les propositions et les conseillers Picquet, Huart et d'Eschuilly furent chargés de veiller à la bonne exécution du marché (1).

Lorsque, dans le courant de l'année 1800, le Conseil de préfecture prit possession du pavillon ouest, on établit dans la chapelle, au moyen d'une cloison transversale, à mi-hauteur de la pièce, un corridor créant une communication directe entre la

(1) Archiv. du Parl. reg. sec. 370, f°s 3-4.

salle d'audience et la pièce affectée aujourd'hui aux délibérations des jurés de la Cour d'assises[1].

Puis, les juges du tribunal d'appel ayant besoin d'une chambre pour leur troisième section, le commissaire du gouvernement mit à leur disposition, pour la tenue des audiences, la chapelle du Palais, et, à cet effet, donna l'ordre à l'architecte Binet de réparer les boiseries et le plafond[2].

Plus tard, lorsque la salle correctionnelle devint périodiquement salle des assises, la chapelle fut divisée par une cloison longitudinale, à mi-hauteur, coupant la fenêtre en deux parties, et, de la sorte, forma deux pièces. L'une servait au jury de chambre de délibérations et l'autre de salle d'attente pour les témoins[3].

A la même époque on établit, au bas de la chapelle, une nouvelle communication avec la salle d'audience, ce qui nécessita la réfection de plusieurs panneaux de boiseries et entraîna la restauration des anciennes[4].

Après le transfèrement de l'École de droit au palais universitaire, la cloison fut supprimée, et les peintures et les dorures de la salle furent restaurées[5].

(1) Arch. départ. liasse Palais 7U1.
(2) *Id.*, lettre du commissaire.
(3) Reg. des délib. intérieures de la Cour royale, 21 déc. 1820.
(4) *Id.*
(5) Archiv. départ., liasse Palais 7U5.

En 1874, l'accident survenu déjà, en 1750, se renouvela. Sous le poids énorme des archives de la préfecture qui, à cette époque, se trouvaient encore entassées à l'étage supérieur, une poutre se rompit. Il fallut la remplacer et refaire presque en entier le plafond. On profita de cette circonstance pour repeindre les boiseries et rafraîchir les dorures (1).

(1) Arch. départ., liasse Palais 7U8.

CHAPITRE XII

La Chambre correctionnelle.

LA salle du pavillon ouest du Palais de Justice, affectée aujourd'hui au service correctionnel de la Cour, était, autrefois, divisée en deux parties et occupée par le greffe des présentations et la chancellerie du Parlement[1]. En 1800, le Conseil de préfecture y tint ses audiences ; puis elle devint la quatrième Chambre de la Cour, et, de 1806 à 1853, salle des Assises par intermittence.

(1) Plan de 1618 et Arch. départ.

ORNEMENTS.

Sa décoration générale, blanche et or, est fort belle. Comme à la première Chambre, c'est un éblouissement de dorures et de sculptures sur bois. Pourquoi faut-il que de détestables peintures à l'huile et des tapisseries en laine plus que médiocres viennent faire tache dans cet ensemble ? Partout se dressent de riches pilastres cannelés, aux gorges garnies de tubes dorés contenant des feuillages, et surmontés de chapiteaux à volutes enguirlandées. Ils séparent les divers panneaux de la salle et flanquent les portes et les fenêtres. Les panneaux de hauteur contiennent des cadres superbes, soutenus par des consoles dorées et surmontés d'une tête de femme, en demi-bosse, ainsi que de casques empanachés ou d'urnes fermées.

L'entablement est magnifique. Il est couvert d'élégantes consoles d'une richesse inouïe, accouplées au-dessus de chaque pilastre. Entre ces consoles existent une suite de métopes agrémentées de peintures ornementales.

Les portes, encadrées de tores de chêne et de filets plats, sont couronnées par un attique, couvert d'acanthes, supportant un tableau décoré et accosté de chutes de fleurs. Toutes ces sculptures sont revêtues d'or.

Des peintures décoratives, de style Louis XIV, imitant, tout en leur étant inférieures, celles de la première Chambre, ornent les battants de ces portes, de même que les lambris des fenêtres et une partie des panneaux d'appui.

Au-dessus de la cheminée, peint sur bois, s'étale dans un médaillon, entre deux pilastres, l'écu de Bretagne, surmonté d'un mascaron et entouré d'arabesques, de supports et de corbeilles de fleurs.

Le plafond, autour duquel règne un splendide encadrement d'arabesques dorées, bien en relief, se compose d'un caisson central à huit pans, de quatre médaillons circulaires, de quatre cartouches en bois blancs et or, reproduisant les attributs de la Justice, soutenus par une tête de lion, et, enfin de beaux camaïeux bleus, sur fond jaune strié d'or. Chaque caisson est encadré de rinceaux de feuilles de chêne, de raies d'oves et de cœurs, de filets de perles et d'arabesques de couleurs. De chaque côté de l'échancrure produite dans le plafond par la saillie du coffre de la cheminée se développe un panneau rectangulaire, en menuiserie, agrémenté d'ornements peints.

PEINTURES.

Ce beau plafond est souillé par des peintures à l'huile, commandées par l'État à Jobbé-Duval, qui jouissait d'une certaine vogue sous le second empire. Quel contraste avec les figures idéales qui rayonnent, éclatantes de beauté et d'expression, dans les soffites de la grand'chambre, de la première chambre civile et du cabinet du Premier Président ! Dans quel bouge de dernier ordre l'artiste est-il allé raccoler ses modèles ?

Le tableau principal représente la Vérité, secondée par la Justice et par le Droit, sauvegardant l'Innocence et mettant en fuite tous les crimes. Dans une atmosphère lumineuse, apparaît, debout, une grande femme nue, à la chevelure fauve, laide et luxurieusement membrée. C'est la Vérité ! D'une main elle élève un flambeau, de l'autre un miroir. Au dessus de sa tête, luit une étoile. Le dessin en est défectueux ; elle semble contrefaite ; sa hanche droite, plus haute que la gauche, est beaucoup trop forte ; son visage est d'une vulgarité désolante. A ses côtés, une femme obèse, aux seins revêtus d'une cuirasse, personnifie la Justice, et un vieillard, tenant les tables de la Loi, figure le Droit, tandis que la blanche Innocence, dans une attitude suppliante, réclame l'aide dont elle a besoin. Puis les groupes de criminels fuyant épouvantés devant la Vérité. Ce sont, au premier plan, deux hommes robustes, aux formes mouvementées, spécimens du type mulâtre, et, au plan suivant, deux femmes demi-nues, aux attaches charnues, l'une endormie et l'autre s'étirant dans une posture lascive, qu'enlèvent des personnages un peu dans l'ombre[1].

Dans les médaillons des quatre angles : la Prudence, l'Éloquence, la Force et la Science, femmes assises, trop grandes et trop fortes pour les cadres qui les contiennent. Les poses, le dessin, les couleurs sont exécrables ; les perspectives mal calculées ; les raccourcis impossibles. « La Force, croisant les jambes, avance hors du panneau un mollet d'athlète forain. La science des lignes anatomiques est impudemment violée[2]. »

On mit en place ces tableaux en février 1869. Ce fut, aussitôt, au Palais d'abord, et dans Rennes, ensuite, un tolle général. La presse locale récrimina, malgré la tirade du *Moniteur universel* ; les artistes protestèrent au nom de l'art[3] ; M. le premier président Boucly écrivit au Préfet que ces peintures eussent été sûrement refusées, si la Cour avait eu mission de les recevoir[4].

En présence de la clameur publique et du désir exprimé par les Présidents de la Cour, Jobbé-Duval consentit à retoucher, sur un point, son tableau prin-

(1) Description d'après M. Loïc Petit. *Revue de Bretagne et Vendée*, année 1869, t. II, p. 85.

(2) *Id.*

(3) Lettre ouverte de M. Loïc Petit. *Revue de Bretagne et Vendée.*

(4) Arch. départ. liasse Palais, lettre du 6 avril 1869.

cipal, à allonger et à ramener légèrement en avant le pli d'une mousseline bleue, gonflée par le vent, qui flotte derrière sa Vérité nue. Il comprit trop tard, que s'il est dans les arts et dans la nature des nudités chastes, nobles et belles, il en est d'autres malsaines, impudiques, outrageantes, que l'artiste qui se respecte doit éviter avec soin.

En 1872, l'agitation durait encore au Palais, et le Premier Président d'alors, M. Bécot, protesta, à son tour, contre la présence de ces peintures dans la salle correctionnelle[1].

Camaïeux.

Les camaïeux du même peintre sont, au contraire, bien traités. Ces compositions sont gracieuses, pleines de vie, de sentiment et de poésie. Les personnages, vêtus à l'antique, font songer aux scènes champêtres décrites par Virgile.

C'est la Famille, représentée par deux jeunes époux et leurs trois enfants nus; l'Hiver et le Printemps de la vie, figurés par une vieille femme assise et songeuse et un couple d'amoureux ; la Géographie ou la Science mesurant avec un compas une longitude sur un globe terrestre et l'Histoire debout près

(1) Arch. départ. liasse Palais, lettre du 21 février 1872.

d'elle; la Déclamation sous les traits d'un éphèbe discourant devant un homme assis au pied d'un arbre; le Travail dépeint par une fileuse et un laboureur défonçant la glèbe; l'Oisiveté; l'Aumône au bord du chemin; l'Avarice serrant son trésor avec un soin jaloux.

TAPISSERIES.

Dans les cadres de la salle, destinés, tout d'abord, à recevoir les portraits d'anciens magistrats[1], furent placées, en 1872, cinq tapisseries de laine, à l'aiguille, représentant les divers attributs de la Justice : le glaive de la loi et le miroir de la vérité, en sautoir, au dessus de la devise *Virtus*; — le livre de la loi et les balances avec la devise *Jus*; — l'œil de la Justice et la devise *Vigilantia*; — les balances et, entre les supports des plateaux, la devise *Æquum*; — la main de justice et le miroir, avec le serpent enlacé qui s'y reflète, et la devise *Verum*.

Ces attributs liés ou fixés sur un portant, sorte de candélabre surchargé d'ornements, sont entourés d'acanthes, de palmes, de feuillages, d'arabesques, et dominés par une écharpe drapée, tombant d'un culot.

(1) Archiv. départ.

RESTAURATION DE LA SALLE.

En 1852, les murs de la Chambre Correctionnelle étaient bien encore revêtus de panneaux et de pilastres en menuiserie, mais, sauf les chapiteaux et une partie de la corniche, tout le reste, autrefois doré, était recouvert d'une peinture grise, écaillée en maints endroits. Le plafond était grossièrement crépi en terre.

Deux arrêtés ministériels des 17 et 29 mai, intervenus sur les demandes réitérées du premier président Boucly, ordonnèrent, enfin, la restauration complète de la salle, conformément au projet et au devis présentés par M. Langlois, architecte du département. Les travaux décoratifs, et notamment ceux du plafond, furent exécutés au cours des années 1853 et 1854. Ils s'élevèrent à 21 744 francs[1] ; mais, en attendant les tableaux et les tapisseries promises, les fonds des caissons et des cadres restèrent fort longtemps tendus de lustrine.

On ne mit en place les peintures du plafond qu'en février 1869. Les camaïeux furent peints l'année suivante[2]. En 1871, on acheva les travaux de décoration, et, en 1872, on plaça les tapisseries.

(1) Arch. départ., liasse Palais, années 1851, 1852 et 1854.
(2) *Id.*, années 1869 et 1870, liasse 7U8.

CHAPITRE XIII

Deuxième et Troisième étages.

Le Cabinet des Présidents d'Assises. — Le Greffe et ses Archives. — La Bibliothèque des Avocats. — La Chambre des Avoués. — Les Archives du Parlement. — Les Combles.

Le deuxième étage du Palais est occupé : à l'ouest, par le cabinet des Présidents d'assises, le cabinet du Greffier en chef, les bureaux des greffes civil et criminel et les archives de la Cour ; au nord par le vestiaire des Avocats, le cabinet du Bâtonnier, la salle des assemblées générales du Barreau et par sa bibliothèque ; à l'est, par la chambre et le vestiaire des Avoués, le bureau des Attachés du parquet général, le cabinet des Avocats généraux et des Substituts, ainsi que par la seconde salle de la bibliothèque de la Cour.

Cabinet des Présidents d'assises.

Cette salle, connue au Palais sous la dénomination de Musée des souverains, parce que bustes et portraits des Rois et Empereurs du siècle dernier s'y trouvent réunis, fut affectée, jusqu'à la chute du Parlement, aux huis-clos et aux délibérés de la Chambre des requêtes [1]. Pendant bien des années, et tant que la Cour d'appel comprit cinq sections, la Chambre des mises en accusation y tint ses audiences.

On y remarque, enchâssés dans les panneaux, les portraits en pied de Louis XVIII et de Charles X, en costume de cour, le sceptre en main, revêtus du manteau royal, et ceux de Louis-Philippe en lieutenant-général, debout près du trône, et de Napoléon III, en général de division, drapé du manteau impérial, serrant de la main droite, qui repose sur un coussin de velours grenat, le manche d'une main de justice. En perspective apparaît le château des Tuileries.

(1) Arch. départ., liasse Palais, U 53.

Ces tableaux ont une réelle valeur artistique. Le portrait de Louis-Philippe provient d'un don fait à la Cour, en 1839, par le Roi lui-même, sur la demande que lui en avait adressée M. de Kerbertin père, premier président[1].

Au-dessus de la cheminée, on aperçoit une autre peinture à l'huile, remontant au siècle de Louis XIV, qui, à l'époque, devait orner l'une des salles du premier étage. Elle représente un Christ se détachant sur un fond de forêt dans laquelle serpente un ruisseau. A droite de la croix, le Roi, revêtu du manteau de velours bleu de France fleurdelisé et doublé d'hermines, est assis devant une table drapée d'azur et de lis et tient, ouvert devant lui, un livre qui repose sur la table. Il vient de lire et semble méditer.

Sur une console Louis XIV, est posé un buste en marbre de Napoléon Ier. Des bustes en plâtre de Louis XVIII, Charles X, Louis-Philippe et Napoléon III sont groupés dans la salle. Un autre petit buste de Louis-Philippe, sur stèle, est déposé sur l'armoire des curiosités.

Cette armoire contient notamment : de nombreux coins ayant servi à frapper des monnaies à Rennes ; les anciennes clefs du Palais, dont quelques-unes

(1) Arch. départ., liasse Palais, année 1839.

constituent de curieux spécimens de la serrurerie au XVIIe siècle; les glaives des bourreaux; des fragments des vieilles tapisseries flamandes du Palais; de vieux encriers en faïence rennaise; des monnaies des règnes de Louis XIV et de Louis XV, trouvées dans l'édifice; des pièces à conviction des XVIIe et XVIIIe siècles.

Au plafond, sont suspendues d'antiques lanternes, de forme bizarre, qui servaient à l'éclairage des couloirs, lorsque nos prédécesseurs du Parlement venaient au Palais, l'hiver, dès 6 ou 7 heures du matin, assister à la messe et tenir audience.

Çà et là, des plaques de cheminées, en fonte, aux armes de France et de Bretagne; des chaises, un tabouret et un petit bureau Louis XIV; des fragments nombreux de pilastres, chapiteaux, rinceaux, archivoltes, en bois sculpté; une rosace contenant l'œil symbolique de la divinité, auréolé de rayons; un médaillon aux armes de Bretagne sommées de la couronne ducale; des volets de croisées, ornés de peintures décoratives et d'écussons, mis au rebut lors de la restauration des différentes salles du Palais; enfin, de vieux coffres, revêtus de cuir, historiés de petits clous en cuivre formant des arabesques et ferrés de gros clous du même métal. La serrure de l'un de ces coffres est particulièrement intéressante.

Les Greffes.

Durant la majeure partie du siècle dernier, le local actuel des greffes de la Cour servit exclusivement de dépôt aux archives départementales. Les bureaux du greffe se trouvaient, alors, dans l'ancien appartement du greffier en chef du Parlement, c'est-à-dire dans les pièces aujourd'hui affectées à l'ordre des Avocats, et les archives de la Cour dans les greniers est. Après la construction, dans le jardin de la préfecture, du monument qui renferme les titres, pièces et documents anciens de l'Ille-et-Vilaine, cette partie du second étage du Palais fut assignée aux services du greffe, et, en 1889, M. l'architecte Laloy le transforma en bureaux et dépôts confortables.

Les Avocats et leur Bibliothèque.

L'ordre des Avocats dispose de quatre pièces au second étage. Vestiaire, cabinet du bâtonnier, parlote et bibliothèque ont été l'objet, en 1889, de réparations très importantes, conçues et dirigées avec goût par l'architecte actuel du Palais.

La bibliothèque est une vaste salle, bien éclairée, aux baies garnies de vitraux blancs enchâssés dans du plomb, tels ceux qui existaient, à l'origine, à toutes les fenêtres du monument. Les meubles en sont élégants. Les principaux ouvrages de doctrine et de jurisprudence figurent sur les rayons et dans les vitrines. Des agrandissements de photographies de la plupart des anciens bâtonniers, décédés, décorent les murailles.

En l'an II (1794), la bibliothèque des Avocats créée en 1733 et libéralement dotée, vers 1750, par Robin d'Estréans, doyen des magistrats du Parlement ; par de Miniac, en 1779 ; de Caradeuc de la Chalotais, en 1783 ; puis par Poullain du Parc, contenait 7 395 volumes. « Le décret qui abolit l'Ordre entraîna la dispersion dans les dépôts publics de tout ce qui lui avait appartenu. »

La bibliothèque de la Ville détient le plus grand nombre de ces ouvrages.

Chambre des Avoués.

Jusqu'en 1889, avocats et avoués près la Cour jouissaient, en commun, des trois pièces du pavillon nord-est, aujourd'hui exclusivement affectées à ces derniers. Ce local comprend une salle destinée aux réunions et aux assemblées générales de la compagnie, une chambre du Conseil où se trouve une petite bibliothèque et, à droite en entrant, un vestiaire.

Le tout a été fort bien restauré et meublé en 1890 et en 1894.

Le mobilier acquis à cette époque tant pour les avoués que pour les avocats est revenu à 3 750 francs.

LES ARCHIVES DU PARLEMENT.

Situé au troisième étage du Palais, côté ouest, cet important et précieux dépôt des registres secrets, des sacs de procédures, des arrêts civils et criminels du Parlement, depuis sa création (1553), des édits royaux, des lettres patentes et des décisions des tribunaux de districts et d'appel, réunira, bientôt, grâce à l'idée heureuse de M. le Premier Président Maulion, les archives de toutes les Juridictions seigneuriales de la Bretagne, les registres des paroisses et les minutes des notaires royaux et seigneuriaux de la province.

En effet, ce haut magistrat, par l'intermédiaire des juges de paix de son ressort, concentre déjà les archives des juridictions de haute, basse et moyenne justice. Facilement il groupera au Palais les minutes du notariat, antérieures à 1789. Enfin, il compte, sans tarder, faire appel au bienveillant concours de

S. E. le Cardinal-archevêque de Rennes pour obtenir le dépôt des anciens registres des baptêmes, mariages et décès des diocèses de Rennes, Vannes, Quimper et Saint-Brieuc. Alors les archives du Palais de Justice, classées avec tant de méthode et tant de soins par M. Parfouru, archiviste du département, deviendront pour les chercheurs et les savants la mine la plus riche et la plus féconde de la Bretagne.

Jusqu'à l'année 1889, ces archives étaient amoncelées pêle-mêle, dans un désordre inouï, sur les planchers et le sol des greniers de l'édifice. A cette époque, on aménagea des rayons, et l'archiviste put entreprendre utilement son immense et minutieux travail de classement.

Les Combles.

Les énormes surfaces de couverture qu'offre le monument sont soutenues par une charpente colossale, véritable forêt dont on ne peut se faire une idée qu'après l'avoir entrevue.

L'entretien de la toiture du Palais a été, de tous temps, un sujet de dépenses considérables. Les registres et comptes du Parlement en font foi. A-t-on recours, pour se renseigner, aux archives départementales, on voit qu'en 1807, on vendait, faute de fonds, une citerne en plomb pesant 874 kilogrammes, placée sur le chéneau du pavillon ouest, pour payer, en partie, des réparations urgentes opérées à la couverture ; qu'en 1816, il était employé 4900 lattes, chevrons, voliges, 41500 ardoises et 215 kilos de clous[1] ; qu'en 1828, on dépensait dans le même but 5638 francs et, en 1831, 12371 francs. En décembre 1880, une trombe de grêle causa à cette toiture des dégâts tels qu'il fallut, pour préserver l'édifice et les plafonds des salles, la couvrir presque entièrement de bâches en toile. La charpente, du reste, se trouvait également à cette date, dans un état déplorable.

« Elle s'est tourmentée, tordue, écrivait M. Laloy dans son rapport du 15 avril 1885, des fermes entières sont déversées et menacent de perdre l'équilibre. D'autres sont pourries dans leur portée ; toutes sont disjointes et doivent être restaurées. Le système de construction de la charpente donne un poids exorbitant qui charge inutilement les murs du Palais et deviendra, si l'on n'y prend garde, la cause de sa perte. Les poutres sont presque toutes vermoulues et rompues. »

Le cri d'alarme de l'architecte fut entendu, et l'État autorisa les grands travaux de restauration

(1) Archiv. départ., liasse Palais 7U1.

des charpentes et la réfection totale des couvertures et des cheneaux.

Ces réparations furent effectuées au cours des années 1885, 1886 et 1887. La dépense fut considérable. Le département d'Ille-et-Vilaine y contribua pour un cinquième.

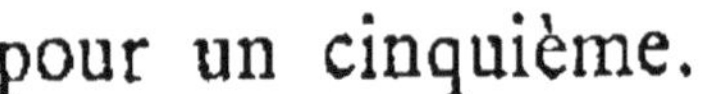

TABLE DES MATIÈRES

CHAPITRE I

CHAPITRE II

CHAPITRE III.

CHAPITRE XIII

Achevé d'imprimer

Le trente et un Juillet mil neuf cent-deux,

PAR FR. SIMON, SUCC[r] DE A. LE ROY

IMPRIMEUR BREVETÉ

RENNES

A MA VIE
A MA VIE
POTIUS MORI QUAM FŒDARI

www.ingramcontent.com/pod-product-compliance
Ingram Content Group UK Ltd.
Pitfield, Milton Keynes, MK11 3LW, UK
UKHW021048220726
13924UKWH00005B/2058